南丁格爾的世界足跡地圖

這張地圖記錄了南丁格爾待過的歐洲國家與發生過的事。

1851年　在德國西澤斯韋特的醫院學習了三個月的護理知識。

1837年　前往歐洲旅遊，初次踏入巴黎的社交界。

1820年　家族旅行期間，誕生於義大利的佛羅倫斯。

1833年　向父親學習知識。
1842年　認識了政治家理查・蒙克頓・米爾尼斯。
1844年　受到薩繆爾・豪夫婦鼓勵，立志成為護士。
1848年　認識了前陸軍大臣錫德尼・赫伯特。
1853年　開始在倫敦的慈善醫院工作，協助醫院的重建。
1856年　克里米亞戰爭結束，返回英國。謁見維多利亞女王。
1859年　出版《護理札記》、《醫院札記》。
1860年　在聖托馬斯醫院設立南丁格爾護理學校。
1907年　獲得英王愛德華七世頒授的功績勳章，成為首位被授予的女性。
1910年　逝世於倫敦的自宅。

漫畫：坂本幸（Sakamoto Kou）

漫畫家，曾向漫畫家東本昌平拜師學習漫畫。2008年，以《影鬼》一作在漫畫網站「Flex Comix blood」出道。代表作品為《漫畫版世界偉人傳記：昆蟲學家法布爾》、《漫畫版世界偉人傳記：特效導演圓谷英二》等。

監修：日本紅十字會

紅十字會是國際人道機構，擁有世界最大的人道工作網絡。該組織遵從「人道、公正、中立、獨立、志願服務、統一、普遍」的七大基本原則，舉行各種活動。日本紅十字會負責整合日本的紅十字會活動。

漫畫版

世界偉人傳記

⑤

南丁格爾

漫畫：坂本 KOU　監修：日本紅十字會

漫畫版

世界偉人傳記⑤

南丁格爾

目錄

增長見聞的學習教室

※本書是參考歷史文獻改編而成的漫畫作品。

登場人物介紹

佛蘿倫斯·南丁格爾

儘管生長在富裕的家庭，年輕時立志幫助窮人、照顧病患。努力成為一名護士，確立了現代的護理專業。

威廉·南丁格爾

佛蘿倫斯的父親。財力雄厚的富豪在英國德比郡的里哈斯特擁有廣大的土地，還有鉛礦山。

芬妮·南丁格爾

佛蘿倫斯的母親。交遊廣闊，熱衷社交活動。用心教導女兒如何成為上流社會的女性，但佛蘿倫斯卻興趣缺缺。

帕耳忒(ㄊㄜ)諾珀

佛蘿倫斯的姊姊，暱稱帕耳忒，兩人個性截然不同。和母親一樣熱衷社交，喜歡與人聊天互動。

錫德尼·赫伯特

英國的陸軍大臣。克里米亞戰爭時，任命佛蘿倫斯擔任護士團的團長，他是佛蘿倫斯的知己。

理查·蒙克頓·米爾尼斯

積極參與慈善活動的政治家，曾向佛蘿倫斯求婚，結果遭拒。

維多利亞女王

英國女王。理解並認同佛蘿倫斯的想法，支持她的助人行動，協助成立南丁格爾基金。

亞歷克西斯·索耶

克里米亞戰爭時，在戰地醫院協助佛蘿倫斯的廚師。改善病患的飲食，提供充滿營養的熱食。

一八五五年五月
※塞瓦斯托波爾附近
咦？那裡怎麼鬧哄哄的？
那位女士是誰啊？
什麼！你不知道她是誰嗎？

※克里米亞半島西南岸的都市

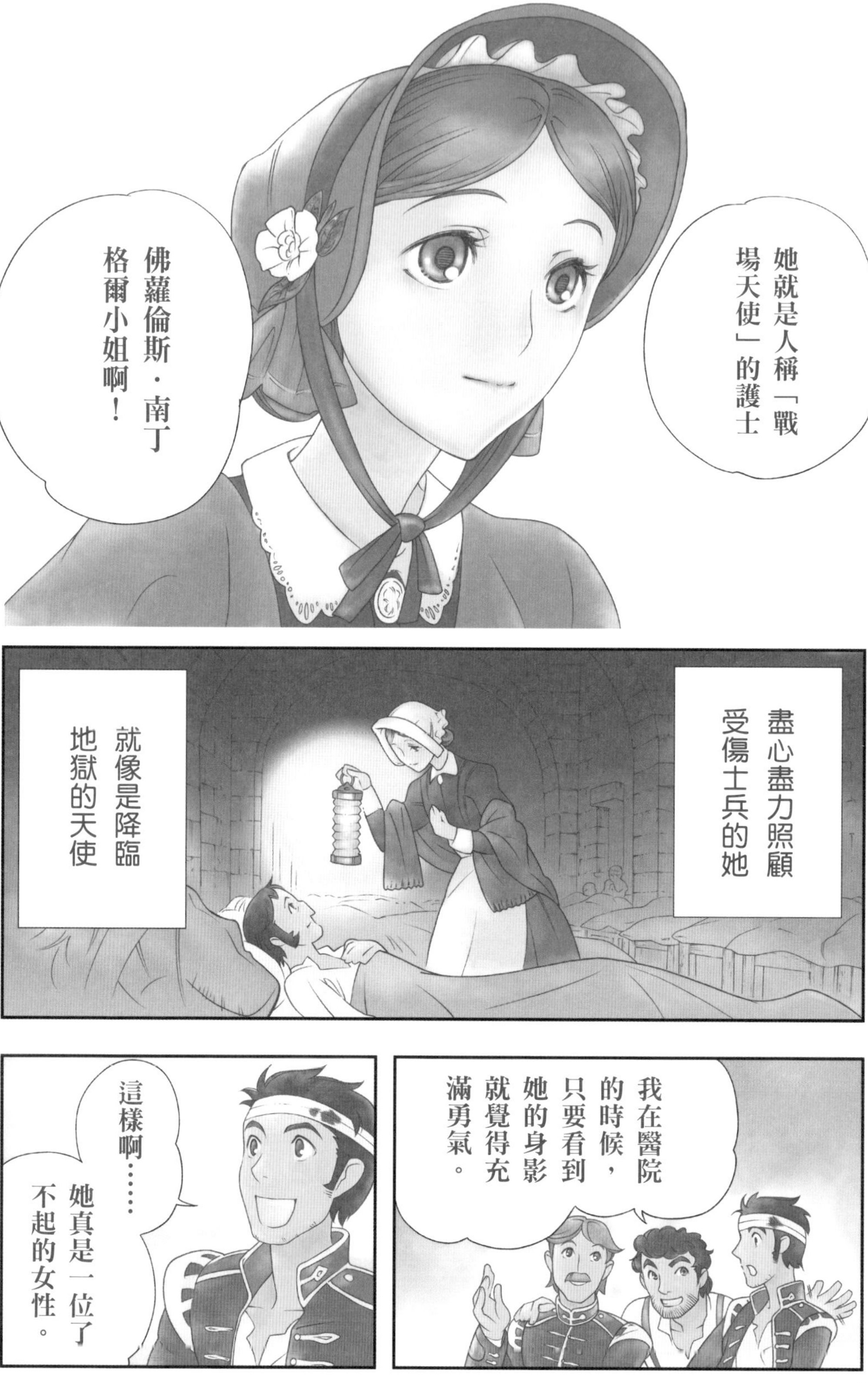
她就是人稱「戰場天使」的護士
佛蘿倫斯・南丁格爾小姐啊！
盡心盡力照顧受傷士兵的她
就像是降臨地獄的天使
我在醫院的時候，只要看到她的身影就覺得充滿勇氣。
這樣啊……
她真是一位了不起的女性。

請坐在這裡。
好的，謝謝。
湊近
這是你最喜歡的花，請收下！
那麼……
我就全部收下囉！
各位！請看過來!!
看看那位溫柔的女士，坐在大炮上多麼勇敢！
她是士兵們的朋友
英國真正的英雄啊!!

歡呼聲　四起
佛蘿倫斯・南丁格爾——
這位善良體貼、意志堅強的女性。
將她的人生奉獻給護理工作，使其變得榮耀偉大。

直到今日，她依然受到世人崇仰敬愛。

一八二〇年義大利
佛羅倫斯郊外
嗚哇
嗚哇
先生，寶寶出生了!!
喔喔
太好了！

第1章　南丁格爾的少女時期

五月十二日
英國的南丁格爾夫婦歡喜迎接他們的第二個女兒。

帕耳忒，今天起你就是姊姊囉！
父親　威廉
她是你妹妹以後要好好疼愛她喔！
姊姊　帕耳忒
母親　芬妮
對了，老公，這孩子要給她取什麼名字呢？
你聽我說，關於名字其實我想好了，
既然這孩子是在「花都」佛羅倫斯出生
那就叫她「佛蘿倫斯」如何？

佛蘿倫斯……
你就叫做佛蘿倫斯·南丁格爾。
這是很棒的名字呢！

南丁格爾家是非常富裕的家庭。
屬於上流階級※的他們，不必工作也能生活。
在義大利旅行了將近三年的時間。

※貴族或大地主之類的人。

南丁格爾一家※夏天住在涼爽的里哈斯特別墅，冬天住在溫暖的愛伯利公園別墅避冬。
春秋兩季都是在倫敦度過。
他們住在別墅的時候，總是有許多親戚造訪，
家裡非常熱鬧。
佛蘿倫斯？
小蘿！
爸爸已經在外面等囉！
姊姊，我們趕快過去。

※里哈斯特別墅在英國中部，愛伯利公園別墅在南部。

欸？
你們兩個要出門啊？
媽媽午安！
阿姨午安！
我們要和爸爸一起去森林唷！
這樣啊，路上小心。
是！媽媽再見。
帕耳忒就像普通的孩子那樣活潑，
可是小蘿有點內向，我很擔心她。

咦？帕耳忒，小蘿呢？
剛剛不是還在這兒嗎……？
！？
爸爸，她在那兒！
！？
小蘿！你跑去哪裡？怎麼變成這副模樣。
瞧你弄得髒兮兮的！
急忙清理
髒兮兮
爸爸……小鳥好可憐牠受傷了掉在地上。
哽咽

……小蘿
給爸爸看一下。
這是山雀啊。大概是被老鷹攻擊了吧？
可以救救牠嗎？
這個嘛？我記得家裡好像有藥……
真的嗎！
那麼，我們趕快回家吧！
雖然內向的佛蘿倫斯有時很倔強，
不過她的內心非常溫柔。
爸爸
快一點

一八三三年
威廉決定親自
教導兩個女兒。
他教導女兒們學
習外語、歷史等
多個科目。
他們學習的
內容大幅超
前當時學校
教的範圍。
帕耳忒，
你可不可以
專心點？
唉～

可是這個真的好難懂，我學不來嘛。
帕耳忒，你可以的。再努力一點好不好？
我也覺得好難。不過，姊姊，我們一起加油吧！
……
悶
既然這樣，爸爸和小蘿你們兩個人一起學就好啦！
拍桌起身
姊姊～
而且現在……該喝下午茶了！
再～見
小蘿快點來，遲到的話又會被媽媽罵喔！
哼
唉……

小蘿!!不是跟你說過別遲到……
快過來這兒跟阿姨們打招呼。
各位阿姨好!
小蘿來啦,怎麼那麼晚才到。
小蘿啊,雖然學習是好事,也要適可而止。
學那麼多對你也沒有任何好處。
對啊!
反正女人不像男人必須外出工作。
沒錯!太聰明的女人會被討厭的喔。
與其花時間學習,你還是趁早進入社※交界,成為出色的淑女。
就是說啊!小蘿已經是少女了嘛。
小蘿啊,這樣不行!你得好好打扮自己。

※上流階級聚會交流的場合。

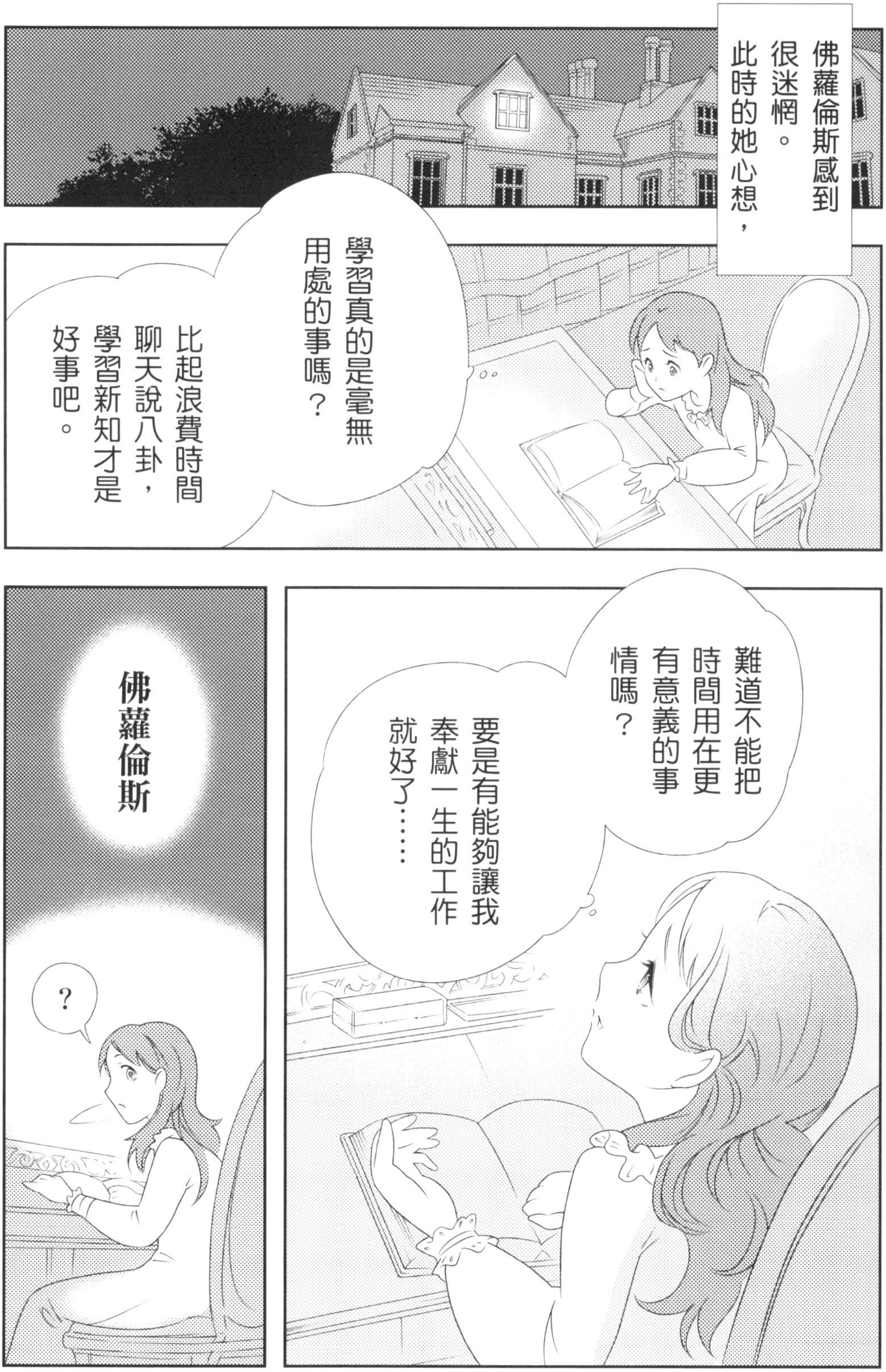
佛蘿倫斯感到很迷惘。此時的她心想，
學習真的是毫無用處的事嗎？
比起浪費時間聊天說八卦，學習新知才是好事吧。
難道不能把時間用在更有意義的事情嗎？
要是有能夠讓我奉獻一生的工作就好了……
佛蘿倫斯
？

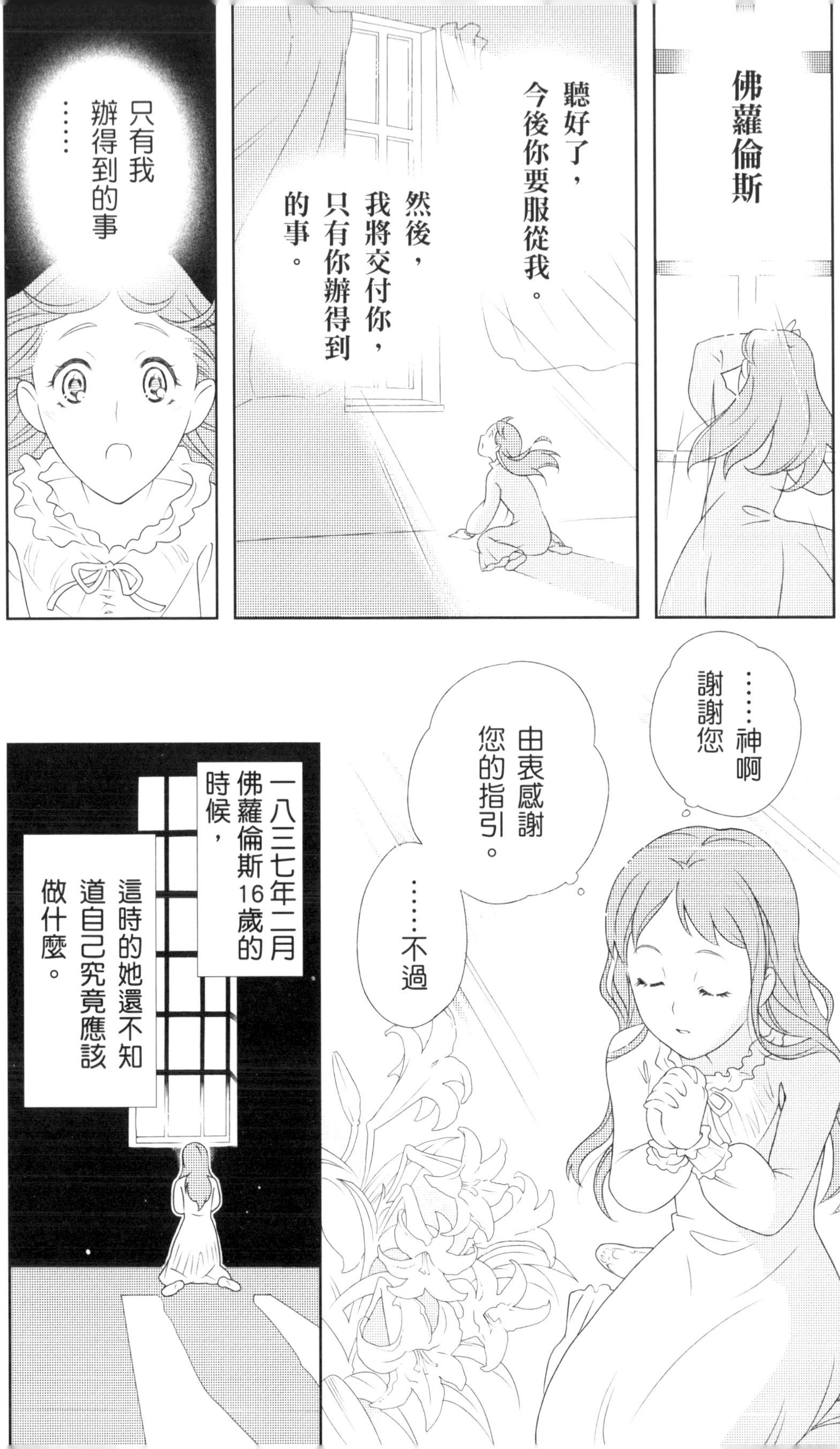
佛蘿倫斯
聽好了，今後你要服從我。
然後，我將交付你，只有你辦得到的事。
只有我辦得到的事……
……神啊謝謝您
由衷感謝您的指引。
……不過
一八三七年二月佛蘿倫斯16歲的時候，
這時的她還不知道自己究竟應該做什麼。

要去歐洲旅行！
是啊，你們的年紀也差不多該進入社交界了。
不過，我們家太小了，沒辦法招待太多客人。

第2章　尋找人生方向

所以房子改建的這段期間，我們去旅行吧。
這是你們親眼見識各種事物的好機會，
對學習外語也有幫助對吧？

哇！我要在巴黎訂作禮服。
我得複習之前學的外語了。
……

哇啊！好棒喔。
在義大利時，南丁格爾一家四處受邀參加派對。
那段期間也去參觀了博物館和美術館。
即使在國外也有請家教上課。

在法國的時候與社交名媛瑪莉・克拉克成為朋友。
頻頻受邀參加上流人士的聚會。
回到英國後，依然忙著參與社交界的活動。
每天只是參加派對聊天跳舞這樣真的好嗎……
我應該做什麼才好？
佛蘿倫斯經常想起那天聽到的「神的啟示」。

小蘿，你怎麼又一副悶悶不樂的樣子。
參加派對就是要開心不是嗎？
我想把時間用在更有意義的事情……
小蘿你快看！
那是理查·蒙克頓·米爾尼斯先生耶。
無論家世才能都非常優秀，他真的好迷人喔。
……是喔。
請問我可以邀請你跳舞嗎？
天啊！

我嗎？
你應該去邀其他小姐。
不不不，我就是想和你跳舞啊，佛蘿倫斯小姐。
微笑
哇啊
哼…
太羨慕你了小蘿～

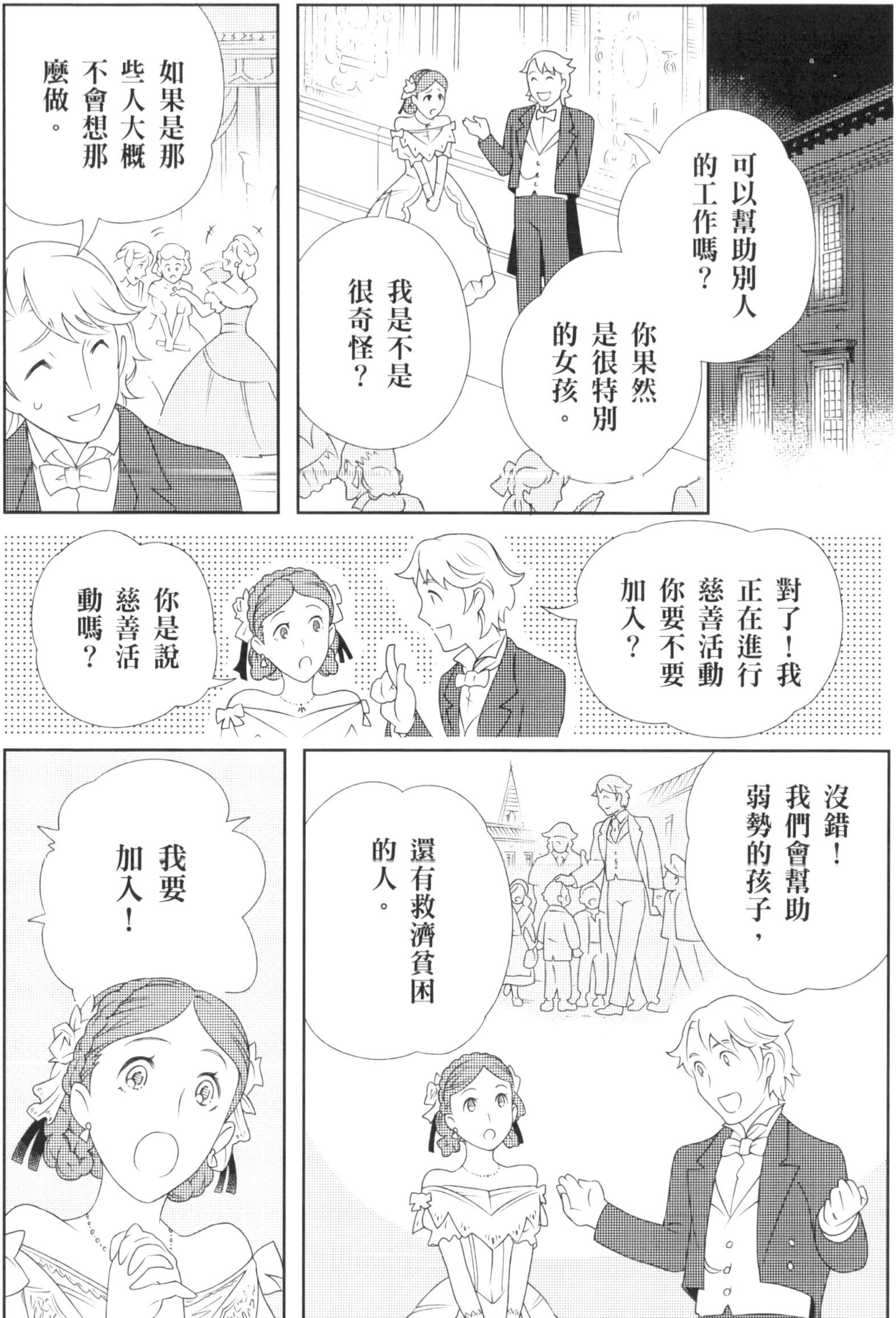
可以幫助別人的工作嗎？
你果然是很特別的女孩。
我是不是很奇怪？
如果是那些人大概不會想那麼做。
對了！我正在進行慈善活動你要不要加入？
你是說慈善活動嗎？
沒錯！我們會幫助弱勢的孩子，
還有救濟貧困的人。
我要加入！

後來，理查和南丁格爾一家變得很親近。
經常登門拜訪。
理查很能理解佛蘿倫斯的想法。
佛蘿倫斯也逐漸被理查的善良吸引。
一八四二年這一年對英國來說是非常痛苦的一年。
天候惡劣，作物無法收成，到處都是挨餓的人。
而且餓到身體衰弱的人還生了病。

來～大家一起分著吃喔。
哇！謝謝大姊姊！
謝謝你！佛蘿倫斯小姐。
好開心
……
那些生病不能來的人，我可以為他們做什麼呢？
媽媽，佛蘿倫斯小姐來看你囉！
天啊……！居然來這種破爛地方……
嗚呃
咳嗽
咳不停
很難受
請您快躺下休息不要勉強起來！

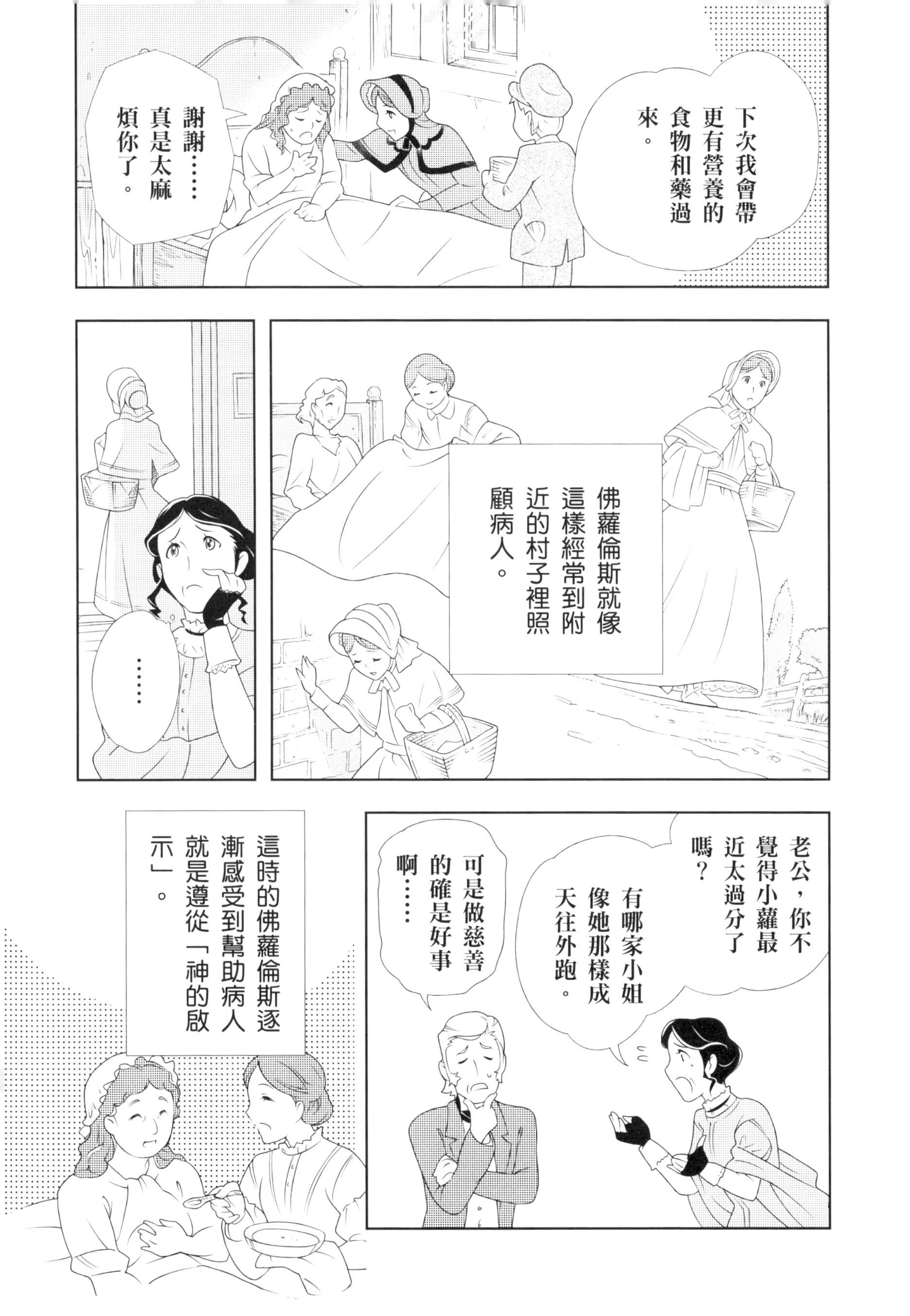

下次我會帶更有營養的食物和藥過來。
謝謝……真是太麻煩你了。
佛蘿倫斯就像這樣經常到附近的村子裡照顧病人。
……
老公，你不覺得小蘿最近太過分了嗎？
有哪家小姐像她那樣成天往外跑。
可是做慈善的確是好事啊……
這時的佛蘿倫斯逐漸感受到幫助病人就是遵從「神的啟示」。

一八四四年愛伯利公園的別墅來了一對訪客。
他們是薩繆爾·豪博士夫婦。
博士，打擾一下，我有件事想請教您。
沒問題，你請說。
您覺得上流階級的年輕女性，想要奉獻一生、照顧病人，是不好的事嗎？
嗯……

我的想法是，現在的英國處境很艱難，很多人在受苦。
不過，我還是要告訴你：
「放手去做吧」！
為他人服務是不分身分或性別的事啊。
佛蘿倫斯小姐，好好加油喔！
好的！
受到鼓勵的佛蘿倫斯開始照顧身體變差的祖母和奶媽。
那時候她注意到一件事。

※位於英國威爾特郡東南部。

當時醫院是貧窮的病人或無家可歸的人逗留的地方，
大部分都髒亂不堪。
而且人們認為護士是很丟臉的職業。
小蘿，你聽好！從今以後不准再說你想去那種骯髒的地方！
……
於是佛蘿倫斯開始趁著夜深人靜，家人都入睡後，偷偷學習。
我不能輕易放棄。

佛蘿倫斯暗中收集各家醫院的資料，記在筆記本裡。
然後逐一調查每家醫院進行怎樣的照護。
德國的西澤斯韋特有護理學校啊。
如果我去那裡就能學習……
唉呀！已經天亮了
佛蘿倫斯就這樣瞞著家人學習了好幾個月。

這是櫥櫃的鑰匙喔，以後交給你整理囉。
……好的。
找點事情讓小蘿做，她就不會想東想西了吧。
佛蘿倫斯白天努力做家事，晚上還是很認真地學習。
搖晃
小蘿還好嗎？你的臉色很差……
我沒事，爸……爸。
頭昏
小蘿!!

咳咳
小蘿，有客人來看你喔。
身體還好嗎？
天啊，小蘿，我好擔心你喔！
夫人抱歉，讓你擔心了！
博瑞布治夫婦是相當理解佛蘿倫斯想法的好友。
對了，你要不要和我們去羅馬旅行？
對啊，去散散心對身體會有幫助。
和我們一起去吧？
就這樣，佛蘿倫斯和博瑞布治夫婦出發前往義大利的羅馬。

小蘿！請你過來一下好嗎？
有個人想介紹給你認識。
你好，我是錫德尼・赫伯特。
聽說你對護理充滿熱忱，請讓我們協助你。
南丁格爾小姐您好，我是他太太，叫我伊麗莎白就好。
錫德尼・赫伯特是非常優秀的政治家。
這對夫婦非常熱衷於慈善活動。
佛蘿倫斯很快就和這對夫婦成為好友。

回到英國後，錫德尼幫忙介紹了幾位對醫院有興趣的人。

佛蘿倫斯讓那些人看了她收集的資料。
你好厲害！居然自己做了這麼多調查。
你是這方面的專家嗎？

第3章　展開行動

太好了！小蘿去了趟羅馬變得有精神多了！
以後你又能繼續參加社交活動囉。
你也該好好考慮結婚的事了。

到底要怎麼做，才能讓大家明白我的想法？
要等到什麼時候才能接受護理訓練？
這樣下去只是重複過著以前的生活……
於是，佛蘿倫斯開始到附近的村子照顧貧困的人。
叩叩叩
？
理查！

你怎麼會來這裡？
靠近
我聽你母親說你在這裡。
我家人都很反對我來這裡。
我想也是，他們很生氣吧。
我今天是有話想說才來的。
佛蘿倫斯，你願意嫁給我嗎？
我有自信能夠成為幫助你的力量。
你不喜歡我嗎？
怎麼會！沒那回事！
我非常……非常喜歡你。

如果和你結婚的話，我應該會過得很幸福……
……可是，
傷心
即便如此，我還是有無法放棄的事要去做。
落淚
對不起理查……
真的很對不起。
拭淚
要是有我幫得上忙的事隨時告訴我。
衷心祝福你實現你的心願。
再見，理查，你多保重……

……你拒絕了理查？
你竟然拒絕了他的求婚？
你到底有什麼不滿？
……我沒有不滿，我只是想從事護理……
又是為了護理？
你怎麼又在說那種傻話！
小蘿！為什麼？
爸爸費心養育你不是為了讓你去做那種事啊！
嗯……
怎麼辦才好？我已經不知道該怎麼做了……
沒辦法繼續學習的佛蘿倫斯不斷地責備自己。

她的身心就這樣一天天越來越虛弱。
有時候甚至會昏倒失去意識。
佛蘿倫斯的心彷彿困在虛無的黑暗之中。
博瑞布治夫人看到佛蘿倫斯變得如此憔悴，決定要帶她離開。
……天啊，小蘿，怎麼會變這樣……
您來啦……
她的家人起初很反對，可是看到她的模樣，
只好試著把佛蘿倫斯交給博瑞布治夫人照顧。

他們從埃及旅行到希臘，可是，佛蘿倫斯的身體依然沒有好轉。
那時候，佛蘿倫斯遇到一隻小貓頭鷹，將牠取名為「雅典娜」。
雅典娜……
我到底該怎麼做才好，你可以教教我嗎？
對了
小蘿去德國吧！去參觀西澤斯韋特的醫院怎麼樣？
你不是一直很想去那兒嗎？
……以我現在的樣子哪有資格去那種地方……

西澤斯韋特的醫院是弗利德納牧師在一八三三年設立。除了醫院，還有附設學校、孤兒院等。
那裡也有進行護士的培訓，可說是當時最進步的設施之一。
結束了兩週的參觀後，佛蘿倫斯覺得內心充滿勇氣。
下次來的時候，我想接受正式的培訓。

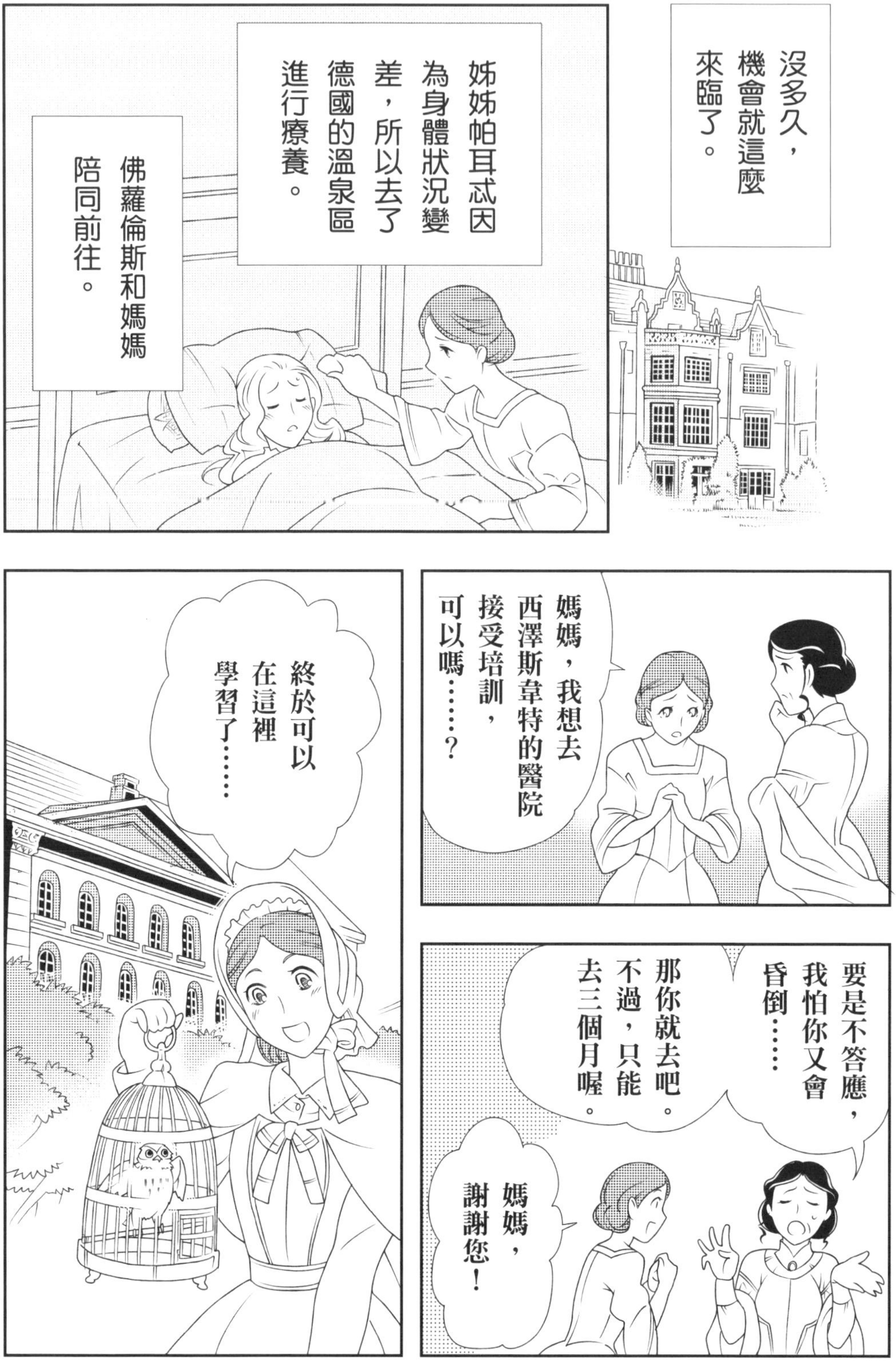
沒多久，機會就這麼來臨了。
姊姊帕耳忒因為身體狀況變差，所以去了德國的溫泉區進行療養。
佛蘿倫斯和媽媽陪同前往。
媽媽，我想去西澤斯韋特的醫院接受培訓，可以嗎……？
要是不答應，我怕你又會昏倒……
那你就去吧。不過，只能去三個月喔。
媽媽，謝謝您！
終於可以在這裡學習了……

早上五點起床，進食四次，每次十分鐘，你可以嗎？
是！我沒問題！
儘管培訓相當嚴格……
佛蘿倫斯從不喊累，反而深深樂在其中……
在這裡的學習對將來一定會有幫助。
佛蘿倫斯的努力總算改變了家人的想法。
是不是該讓小蘿去做她真正想做的事……

結束培訓後，佛蘿倫斯四處造訪巴黎的醫院。
然後把歐洲各地的醫院資料匯整完成。
佛蘿倫斯簡直成為醫院的專家。就在那時候，
赫伯特的夫人伊麗莎白正在為某家醫院尋找負責管理的人。
小蘿，我想來想去沒有比你更適合的人了。
我很樂意接下這個工作喔！
小蘿，好好加油。
爸爸，謝謝你。

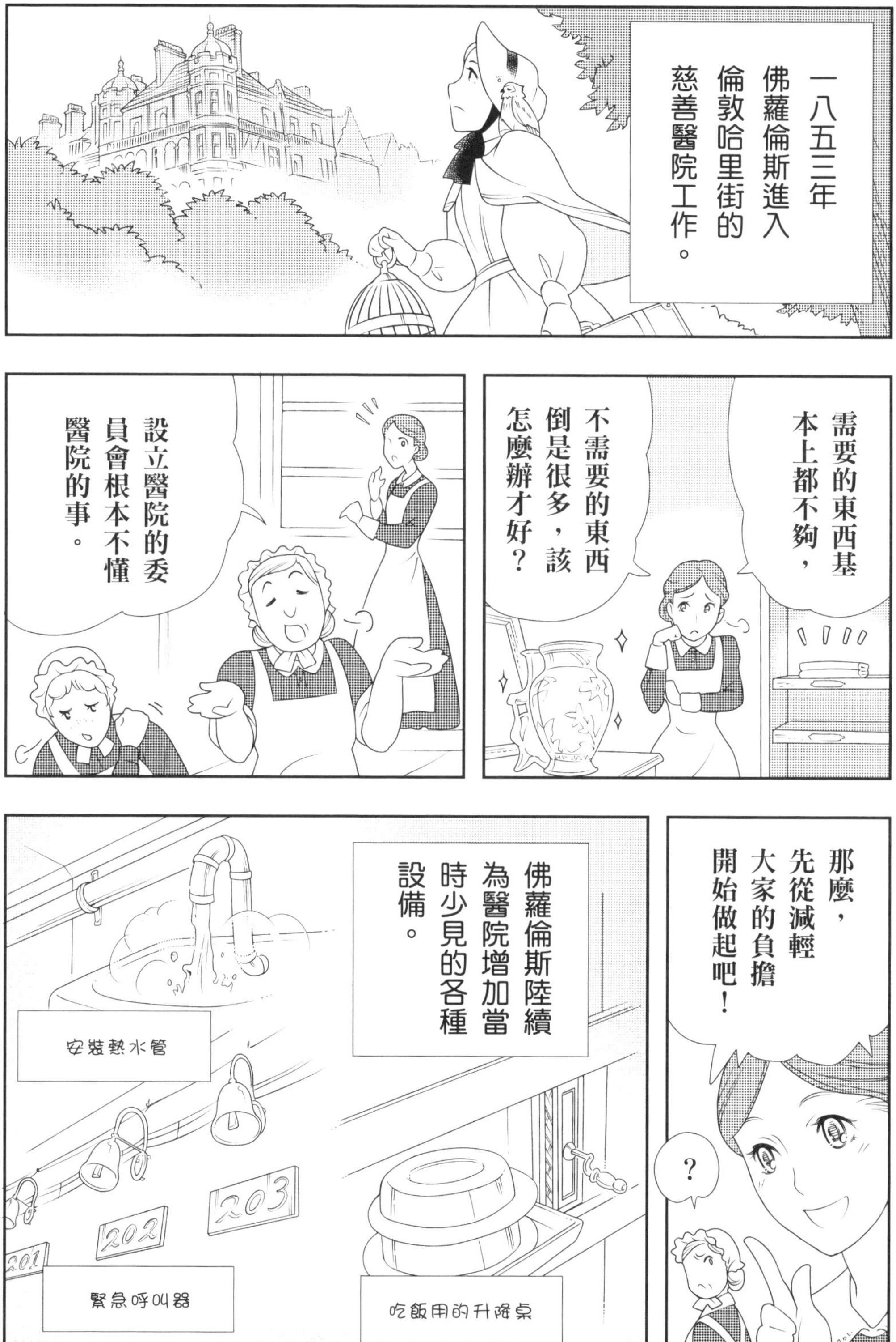
一八五三年佛蘿倫斯進入倫敦哈里街的慈善醫院工作。
需要的東西基本上都不夠，
不需要的東西倒是很多，該怎麼辦才好？
設立醫院的委員會根本不懂醫院的事。
那麼，先從減輕大家的負擔開始做起吧！
？
佛蘿倫斯陸續為醫院增加當時少見的各種設備。
安裝熱水管
201
202
203
緊急呼叫器
吃飯用的升降桌

更重要的是，讓醫院保持整潔。
躺在乾淨的床單上真舒服。
而且，不只照顧身體，也很關切患者的心情。
這樣啊……你一定很難過吧。
她也沒忘記改善護士的薪水與生活。
佛蘿倫斯認為，想讓醫院變好，就要讓護士覺得受到認同。
於是，慈善醫院有了大幅的改善。
好評如潮，幾乎傳遍倫敦。

我終於實現了在醫院工作的心願。
這時候，與英國相距遙遠的克里米亞半島爆發了戰爭。
佛蘿倫斯還不知道這場戰爭將大大改變她的命運。

一八五三年
土耳其和俄羅斯
在克里米亞半島
展開戰爭。
英國
俄羅斯
法國
克里米亞半島
黑海
土耳其
一八五四年
為了保護土耳其
不受俄軍攻擊，
英國與法國結成
盟軍，參加了這
場戰爭，稱為克
里米亞戰爭。

第4章　克里米亞戰爭

什麼嘛，這場戰爭很快就結束了！
就是說啊，英國軍隊是世界最強的軍隊嘛。
可是，實際的戰況並不樂觀，英軍陷入了嚴重的苦戰。
英軍最大的敵人正是受傷與疾病。

The Times
士兵接連病倒，受傷的人未能接受治療就那麼死去。
這些情形被英國的《泰晤士報》報導出來後，令英國國民大為震驚。
對英軍而言，沒有護士這件事成了大問題。
報上說法軍都有隨行護士照顧他們……
搞什麼！英國也要趕快派護士過去才行！
戰地的士兵也太可憐了……
佛蘿倫斯立刻採取行動。她寫了一封信給當時的陸軍大臣錫德尼。
請派我到當地，我能為士兵們提供協助。

正為此事煩惱的錫德尼收到了佛蘿倫斯的信後馬上回信給她。
我認為能夠完成這項艱難任務的優秀護士只有你了。
我正式任命南丁格爾小姐擔任護士團的團長，請你前往克里米亞半島。
好的，我將全力以赴。
佛蘿倫斯開始在倫敦尋找適合加入護士團的人。
找到了三十八位啊……
我已經盡力了。可是沒多少時間了。

派遣護士團的事被報導出來後，佛蘿倫斯收到熱心民眾踴躍的捐款。
佛蘿倫斯用那些錢採買大量的藥品和食物要帶到戰地。
她在短短四天內就做好前往克里米亞半島的準備。
好了！
完成打包
小蘿！你好棒喔，為國家做事好厲害！
保重身體，注意健康，好好加油喔！
……
？
小蘿，你冷靜點聽我說。
其實……雅典娜

我要出發囉
雅典娜。
一八五四年十月二十一日，佛蘿倫斯率領的護士團從倫敦啟程前往戰地。

十一月五日
斯庫台※醫院
這裡的墳墓未免也太多了……
這是多麼荒涼的地方啊。
另一方面，醫院卻是擠滿了人，彷彿來到鬧市。

※位於伊斯坦堡。

實際的情況比傳聞聽到的更加嚴重……
我們得趕快做點什麼才行！

這裡好臭喔！
怎麼能把受傷的人丟著不管！
各位！請跟我來，是這裡喔。

把行李放好後，我們就趕緊做事吧！
是！
那可不行。
為什麼？
因為上層沒有下達命令啊。
原來英軍的士官※很排斥護士團的到來。
真是的！一群女人說什麼要來幫忙。
這樣豈不是讓我們英軍丟臉。
居然敢說要幫助軍人這種大話，真是自不量力。
看樣子她們好像到了喔。
搞什麼嘛，這兒也很缺軍醫啊……
別管了，隨她們去吧！
她們待不了多久的！
※軍隊階級中，少尉以上的人。

請你們服從命令。
那麼，我們應該做什麼好呢？
我哪知道……我只是奉命帶你們到住的地方而已。
啊！
!?
有……有屍體！
啊啊抱歉，忘記收拾了。
不過，那也不是我的工作啦。
傷腦筋，這樣下去，我什麼都做不了……
南丁格爾團長，請問我們該怎麼辦？
我看我們就先打掃房間吧。

醫院不只缺乏醫療用品，也幾乎沒有必要的物資。
官員都想逃避責任，所以只會聽命行事。
沒～有庫存。
沒～有庫存喔。
每個人只能分到少量的水，而且得排隊很久才拿得到。
開什麼玩笑！真是不像話！
甩門
咦？
你是不是《泰晤士報》的記者……
對啦，我叫唐諾。
發生了什麼事？
報社提議用捐款添購缺少的物資，
他們卻說「這麼做違反規定，不行」真是太可惡了！
三丈
真是一群死腦筋的人！
火冒

我們也是被拒於門外。
欸，是喔。
喂！廢物們，起床了！吃飯囉。
大聲
嚷嚷
！
這個麻煩你拿一下！
蛤？
啊！
等等
你手裡的東西讓我看一下！
？
這是什麼！
水煮肉啊現在只有這個可以吃。
沒食材做不了菜，只好將就點。
軟軟爛爛
那個人只分到骨頭不是嗎？
我已經按照規定平分給大家了。
那是他運氣不好罷了。
別礙事！閃開啦!!!

佛蘿倫斯一行人為了獲得許可後馬上就能工作，預先準備好繃帶和三角巾等物品。
可是軍醫說，沒有許可就不能接近患者。
……真是的，我到底來這裡幹嘛。明明有人很痛苦卻幫不了忙。
噓～
為什麼我們要遵守那樣的規定啊。
竊竊
私語
就是啊，只是給病患食物也要獲得許可太奇怪了吧！
團長真是冷漠無情。
我出去一下。
喂……團長。
唐諾先生
為什麼你們也要服從那種不合理的規定？
你們和那群官員是一夥的嗎？
抓緊
我不得不那麼做。

現在不讓醫院的護士和軍醫彼此信任，就無法突破困境。
為了救患者，任何事我們都會努力去做！
……？
這樣啊。
嗯，原來如此。
十一月九日醫院陷入束手無策的狀態。
因為前幾天在戰場上受傷的士兵不斷地被送進醫院。
平常已經人手不足現在又……
這樣下去會撐不住的！
快找人！
快點找人幫忙！

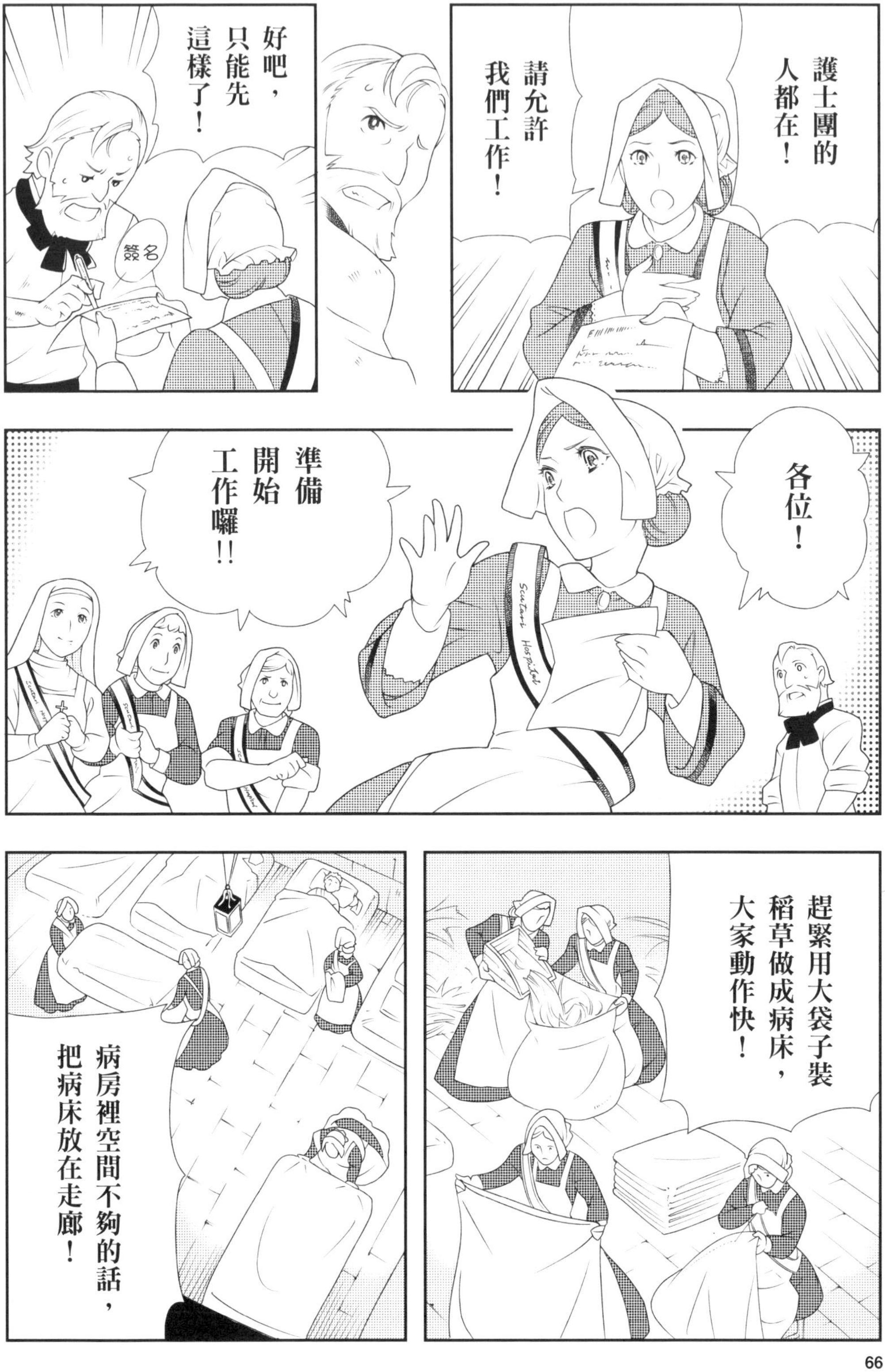
護士團的人都在！
請允許我們工作！
好吧，只能先這樣了！
簽名
各位！
準備開始工作囉!!
趕緊用大袋子裝稻草做成病床，大家動作快！
病房裡空間不夠的話，把病床放在走廊！

軍醫和護士們忙到連吃飯的時間都沒有。
有時候甚至站了一整天都沒休息。
我不要！切掉我的手我寧願……死掉算了！
冷靜一點別亂動！不截肢的話，你會死！
團長請幫忙按住他！
!!
握住
別擔心，手術一定會成功的。請相信我們一起加油吧！
緊握
想想你的家人，為了他們，
你要活著回英國喔。
是！
！……

醫院的情況變得非常糟。
受傷的士兵大量湧入，擠滿了等待接受治療的患者。
急急忙忙
閃開閃開！大事不好了!!
你說什麼！船遇上暴風雨沉沒了？
這下該怎麼辦？藥和繃帶都用完了。
請使用我們帶來的物資吧。
要是不夠，我來準備！
不行！這麼做違反規定。
煩惱不已
……可是，怎麼辦才好……
我願意負起責任。當成我的私人物品那就不違反規定了吧！
這麼說應該就行得通了。
那就拜託你了。
團長，請過來一下！
我馬上過去！
軍醫大人，可以這樣嗎？
眼下也沒有其他辦法了啊！

就這樣，得到軍醫的許可後，
佛蘿倫斯陸續送上需要的物資。
經歷過這次的混亂，醫院的人總算知道誰是可以信賴的人。
這地方好驚人啊……
看起來很像雜貨店對吧。
我想，報社的基金交給團長處理準沒錯。
如果有需要我幫忙的地方，儘管說！
那麼，請幫我準備兩百支左右的刷子。
兩百支……好的！

備妥工具後，佛蘿倫斯一行人開始打掃醫院。
總算可以讓醫院變乾淨了。
另外，她還雇用醫院的女性清洗床單和內衣褲。
病患吃的食物也逐漸獲得改善。
好久沒喝到熱呼呼的湯了。
團長！出事了!!

天啊！五百人
這家醫院容納不下那麼多傷患啊。
試試看吧說不定可以。
我們不能拒絕患者啊！
佛蘿倫斯立刻雇用兩百名工匠，重建了遭受破壞而無法使用的病房。
重建的費用以佛蘿倫斯的資金和《泰晤士報》基金支付。
可以睡在乾淨的床上，吃到熱騰騰的食物，身體也不會髒兮兮，
待在這兒彷彿置身天堂……
完全不會覺得自己是在醫院呢。
謝天謝地，還好來得及。

提燈
巡房
唉唷喂……
你還好嗎？哪裡會痛嗎？
啊啊……不會
我沒事。
請問你知道隔壁床的那個人怎麼了嗎？
……那個人是我朋友。
……！
那個，他今天早上過世了。
……這樣啊。
……
……請你離開吧，我要睡了。
默默流淚

你在幹嘛啊？
我在親吻她的背影……
我跟你說，那個人就是照顧你朋友的人。
！
那個人說過我絕對不會讓你獨自死去。
她還說我一定會陪著你。
啜泣
不管誰受傷，那個人都會馬上注意到。
對啊，軍醫也覺得很神奇。
她根本就是天使下凡。
所以我想……至少要為她祈福。
好好感謝那個人的溫柔關懷……
漫漫長夜裡，佛蘿倫斯總是提著燈仔細地巡視每一間病房。

都這麼晚了，團長還在工作啊。
白天的時候，她一直待在患者身邊。
晚上巡完病房也不休息。
總是寫東西寫到很晚。
佛蘿倫斯是在寫信給過世士兵的家人，傳達士兵最後的情況。
另外，她還得獨自完成給政府的報告或請款單等大量的文件。
而且，還要掛心醫院裡的大小事。
這樣看來，過世的人大部分是生病，不是受傷啊……
雖然醫院已經很努力地進行改善，
還是有很多人因為傳染病而死，當中包括了四名軍醫和三名護士。
Scutari Hospital

到底是遺漏了哪個重要的地方……
要趕快想辦法解決才行。
某天，有一位開朗的法國人來到醫院。
從今天起，我將擔任這家醫院的主廚。
我的名字是亞歷克西斯．索耶。
索耶先生，歡迎你來，我等你好久了。
哇啊！團長小姐您真美麗。
餐點的事以後就交給我。

即使軍隊的食材不多，索耶還是能烹調出美味的湯與有營養的餐點。
味道如何啊？
天啊，好好吃喔！
而且，為了讓所有患者都能吃到熱騰騰的食物，重新整修了廚房。
這……超好吃！
再來一碗！
我也要！
別急別急，還有很多喔！
英國政府被南丁格爾的熱忱打動，派遣了衛生委員會造訪醫院。

然後，他們找出傳染病的原因就是醫院的病房。
於是著手驅趕害蟲，處理污水，把飲用水變乾淨。

這一連串的行動讓因病而死的患者快速減少。

最後，斯庫台的醫院終於成為能夠妥善治療患者的地方。

一八五五年五月南丁格爾護士團一行人前往克里米亞半島。
目的地是更接近戰場的※巴拉克拉瓦醫院。
克里米亞半島
斯庫台
抵達後，他們立刻受到熱烈的歡迎。
這裡的情況也很糟，這下有得忙了。
綁緊
團長，你臉色看起來不太好，沒事吧？
沒事沒事，我只是有點累而已。
結果，南丁格爾還是撐不下去，累倒了。
搖晃
喘不過氣

※黑海沿岸的小鎮。

是克里米亞出血熱……
呼吸急促
我很抱歉，這種病我也束手無策。
怎麼辦……
佛蘿倫斯昏迷了好幾天，徘徊在生死關頭。
她生病的事在英國也被大幅報導……
怎麼會發生這種事。
南丁格爾小姐生病昏迷中？
這件事傳回斯庫台後……
太沒天理了！
嗚嗚
啊啊……神啊拜託您救救她！

也許是士兵們的祈禱靈驗，佛蘿倫斯奇蹟似的好轉了。
這麼看來，她應該有救了！
太好了！
休養了一段時間，身體稍微恢復健康後，佛蘿倫斯馬上投入工作。
天啊，小蘿！我好擔心你喔!!
梅姨，怎麼是你！你何必大老遠跑來……
你看起來好虛弱，
你的頭髮是怎麼回事？
為了退燒，所以剪短了。
小蘿啊，你待在這裡一定不能好好休息。
大家都很擔心你……
和我一起回英國吧？

不行！我現在還不能離開，有很多事等著我去做。
只要這裡還有受傷的士兵，我就不會回去。
南丁格爾的這番話傳回英國，
舉國上下一片歡騰，民眾心中對她充滿感謝。
怎麼會有這麼棒的人！
我們能為她做點什麼嗎？
於是，錫德尼和理查號召群眾，募得龐大的捐款。
各位同胞，我們也一起來支持南丁格爾的行動對吧!!
以募集到的捐款成立了南丁格爾基金，
最後決定用來創辦護理學校。

終於，康復的佛羅倫斯再次回到克里米亞半島。
接下來還有許多事等著我去完成。
她日復一日造訪各地的醫院，努力進行改善，從未間斷。
同時也著手改善士兵的生活。
?
不少受傷的士兵，傷才剛好就因為喝太多酒搞壞身體，這種情況相當嚴重。

其實，他們喝酒是為了忘記痛苦或內心的寂寞……
不能再這樣下去，要找點事讓他們做，身心都要變得健康才行。
於是，佛蘿倫斯設立了圖書室，準備各種書籍與報紙、西洋棋和繪畫。
ABC
abc
也為不會讀書寫字的人開設學校。
漸漸地，士兵們不再喝酒。
把酒錢留下來寄去給故鄉的親人。
佛蘿倫斯始終不放棄的堅持與努力感動了士兵的心。
一八五六年四月
參戰國終於在巴黎簽訂停戰協定，克里米亞戰爭宣告結束。

一八五六年七月
送走了最後出院的士兵。
那麼，我們也一起回去吧。
請原諒我留下各位離開這裡。
我一輩子都不會忘記各位的犧牲……

就這樣，
佛蘿倫斯人生中
長達近兩年的戰爭
就此落幕。

南丁格爾即將回國的消息立刻傳遍英國，民眾都興高采烈，國內洋溢著熱鬧的氣氛。
派樂隊迎接她怎麼樣？
不不，應該要為她蓋一座紀念碑才對啊。
快過來看！這本傳記寫了關於南丁格爾的一切喔。
Florence Nightingale
1P
你瞧瞧，這個擺飾不錯吧？這是南丁格爾的雕像唷。
哇啊！

第5章　邁向新里程

可是，不喜歡引起騷動的佛蘿倫斯，
化名為「史密斯小姐」悄悄地返家。

天啊！小蘿，歡迎你回來。
真是辛苦你了。小蘿，你好棒！
我回來了！
你能平安回來，比什麼都重要。
有這麼多人寫信給你喔。
大家都很想見到你呢。
你這趟回來就好好地休息一陣子。
不行，我現在沒時間休息。
咦？
有些事我非做不可，必須趕快進行。

你是認真的嗎？說什麼要全面改革軍隊的衛生。
斯庫台發生的悲劇，你也很清楚不是嗎？
為了不讓那樣的悲劇再次發生，
就要趁大家還記得那場戰爭的時候來做！
真是服了你！你都不會累嗎？
恰巧那時候佛蘿倫斯收到了維多利亞女王的邀請函
女王在信中表示，想和她當面聊一聊。
這可是絕佳的機會啊！
於是，佛蘿倫斯立刻著手製作各種圖表。
因為她認為光靠說的還不夠，要讓女王看到具體的資料。

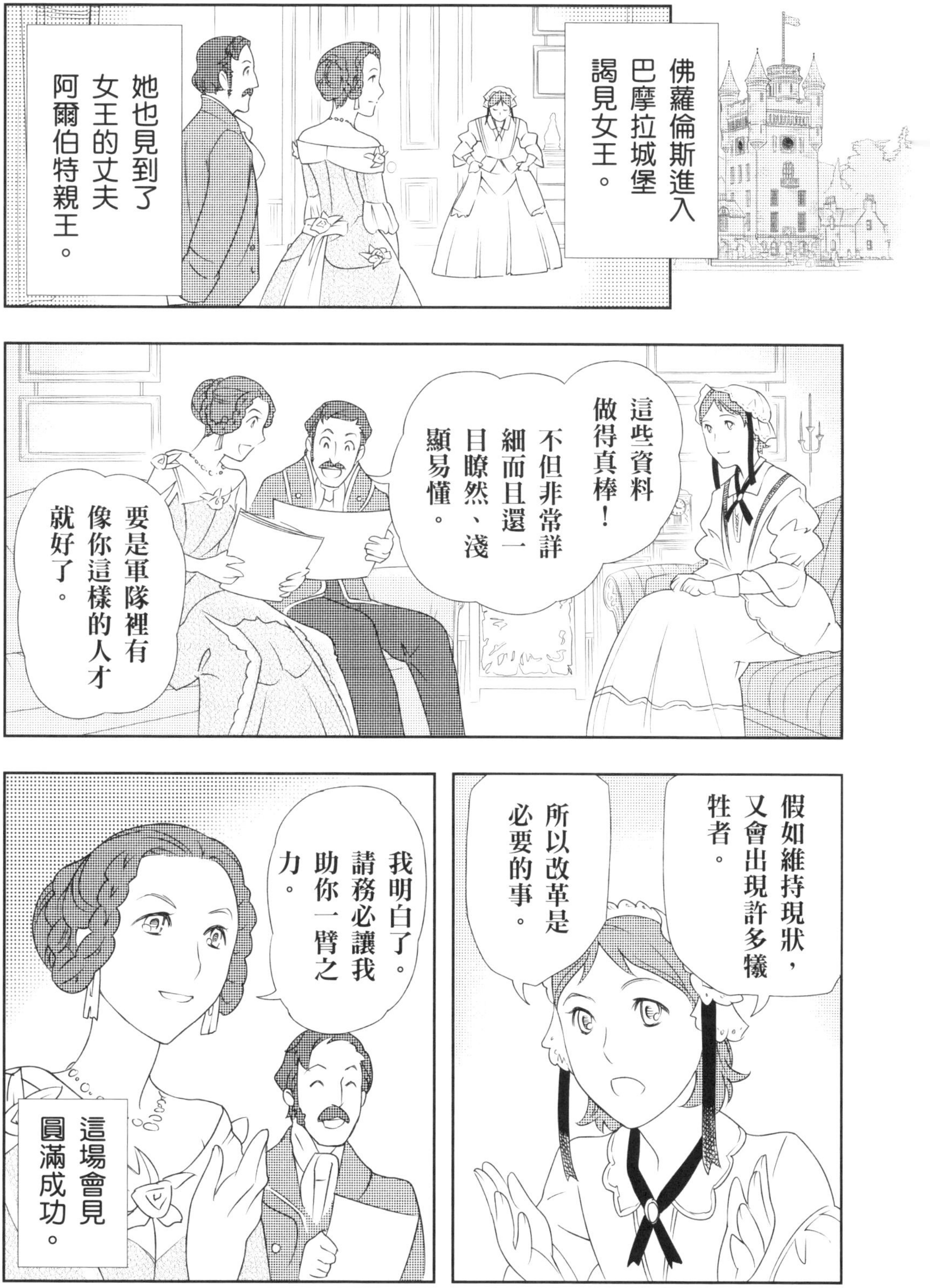
佛蘿倫斯進入巴摩拉城堡謁見女王。
她也見到了女王的丈夫阿爾伯特親王。
這些資料做得真棒！不但非常詳細而且還一目瞭然、淺顯易懂。
要是軍隊裡有像你這樣的人才就好了。
假如維持現狀，又會出現許多犧牲者。
所以改革是必要的事。
我明白了。請務必讓我助你一臂之力。
這場會見圓滿成功。

然後在一八五七年，成立了關於軍隊保健的衛生委員會。
擔任委員長的錫德尼和佛蘿倫斯攜手合作，逐步進行改善。
可是，長久以來勉強工作的佛蘿倫斯，身體早已不堪負荷。
某天發病昏了過去，
之後就變得必須經常臥床休息。
不過，即使躺在床上，佛蘿倫斯還是沒能好好休息。
因為大家都很依賴她。
我的天啊！
不只是軍隊，就連民間醫院的情況也那麼糟糕。

首先，必須讓大眾知道醫院最重要的基本事項是什麼……
然後在一八五九年，佛蘿倫斯出版了《醫院札記》這本書。
歐洲的許多醫院都是根據此書建造而成。
接著，為了讓大眾思考護理的形式
她又出版了《護理札記》
這本書成為暢銷書，至今仍被世界多國的人閱讀。
NOTES ON NURSING:
WHAT IT IS, AND WHAT IT IS NOT.
BY
FLORENCE NIGHTINGALE
WITH SOME ACCOUNT OF HER LIFE.

一八六〇年佛蘿倫斯創辦了南丁格爾護理學校，設立於倫敦的聖托馬斯醫院。
學校的費用全由南丁格爾基金支付。
佛蘿倫斯任命她很信賴的沃德卓※普護士長擔任校長。
希望這所學校培育出來的護士，日後也能指導其他護士。
所以我們必須選出可以成為學習模範的人。
因此，想要進入這所學校得通過非常嚴格的審查。
最後挑選出十五名學生後，學校正式啟用。
那麼從今天起，各位要把宿舍當成自己的家喔。

※聖托馬斯醫院的護士長。

哇啊！好棒喔!!
這些都是南丁格爾女士送給各位的禮物。
各位來這兒除了要好好學習護理知識，也要培養高尚的人格喔。
學生們接受嚴格的訓練，學到的不只是專業知識，
還有身為護士應該具備的高尚情操。
佛蘿倫斯對每位學生都給予詳細的建議，甚至耐心傾聽並解決她們的煩惱。
因此，護理學校的風評變得越來越好。

學生們畢業後，各自進入英國各地的醫院服務。
即使學生畢業了，佛蘿倫斯依然持續寫信鼓勵她們或給予建議。
此後，護理學校的畢業生被稱為南丁格爾護士活躍於全世界。

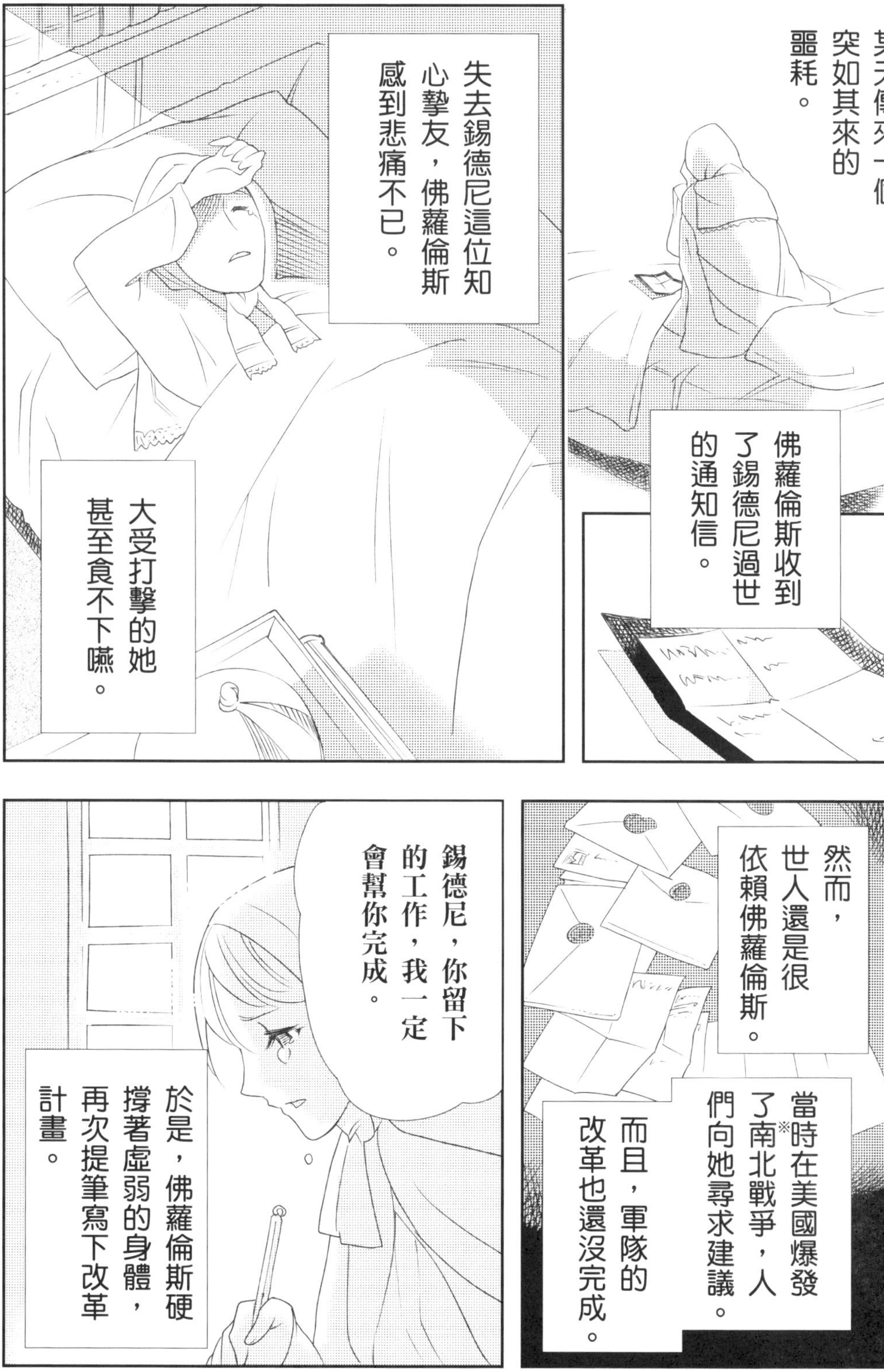
某天傳來一個突如其來的噩耗。
佛蘿倫斯收到了錫德尼過世的通知信。
失去錫德尼這位知心摯友，佛蘿倫斯感到悲痛不已。
大受打擊的她甚至食不下嚥。
然而，世人還是很依賴佛蘿倫斯。
當時在美國爆發了南北戰爭※，人們向她尋求建議。
而且，軍隊的改革也還沒完成。
錫德尼，你留下的工作，我一定會幫你完成。
於是，佛蘿倫斯硬撐著虛弱的身體，再次提筆寫下改革計畫。

※一八六一～一八六五年，發生在美國南部與北部的內戰。

後來，佛蘿倫斯持續過著忙碌工作的生活。
世界各地不斷有人寫信向她尋求指導。

受到英國統治的印度的衛生改革
各種設施的醫療改善
調查全英國的婦產科醫院
普法※戰爭的兩軍衛生指導

※發生在一八七〇～一八七一年，法國與普魯士之間的戰爭。

到了晚年，父母和姊姊都已經過世，
與佛蘿倫斯親近的人一個個相繼去世。
不過，她並不孤單。
眾多的甥姪晚輩，以及景仰她的人，經常來拜訪她。
佛蘿倫斯過著安穩平順的生活。
午安，南丁格爾女士。
護理學校的學生們也是她很重要的朋友。
午安，歡迎你來。
快來和我聊一聊。

學習護理很辛苦吧。
可是啊，學到的知識對你會有莫大的幫助喔。
所有的學習與訓練將使你成為信念堅定、堂堂正正的人。
然後，千萬別忘了這件事，
體貼的心與關愛的行動，
這兩點能為群眾帶來笑容。
是！我會牢記在心。
好了，嚴肅的話題到此為止。
我準備了一些好吃的東西喔！
哇啊！

佛蘿倫斯過往的付出，得到了豐厚的成果。

人們知道清潔的重要性
不再有人瞧不起護士這個職業

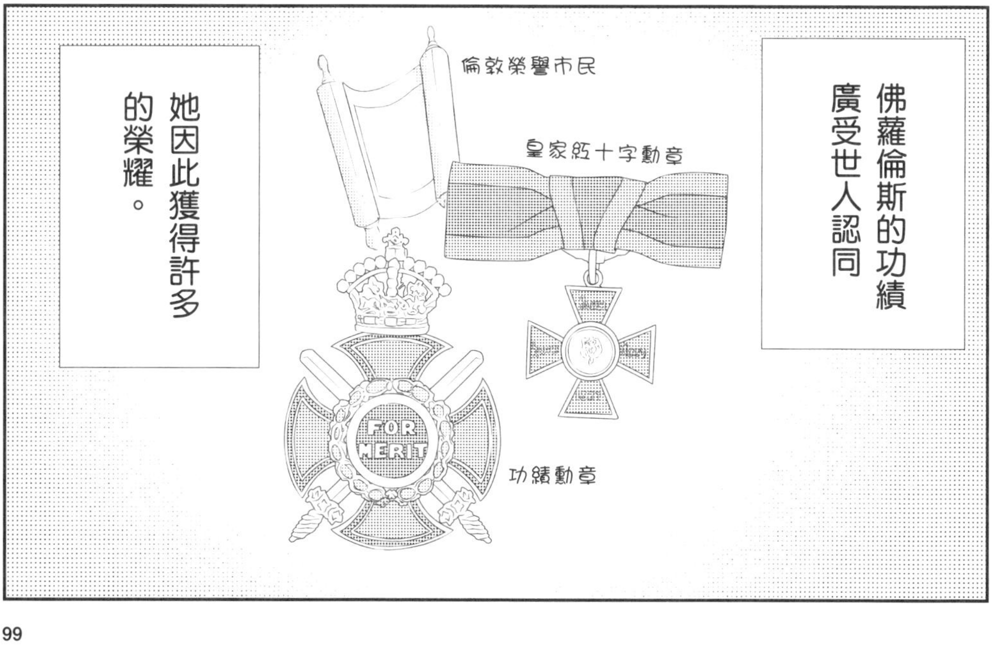
佛蘿倫斯的功績廣受世人認同
倫敦榮譽市民
皇家紅十字勳章
FOR MERIT
功績勳章
她因此獲得許多的榮耀。

晚年，佛蘿倫斯的名字享譽全球。
每到她的生日，總會收到許多來自世界各地的花束與祝賀信。

一九一〇年八月十三日
南丁格爾女士，我要進房囉？

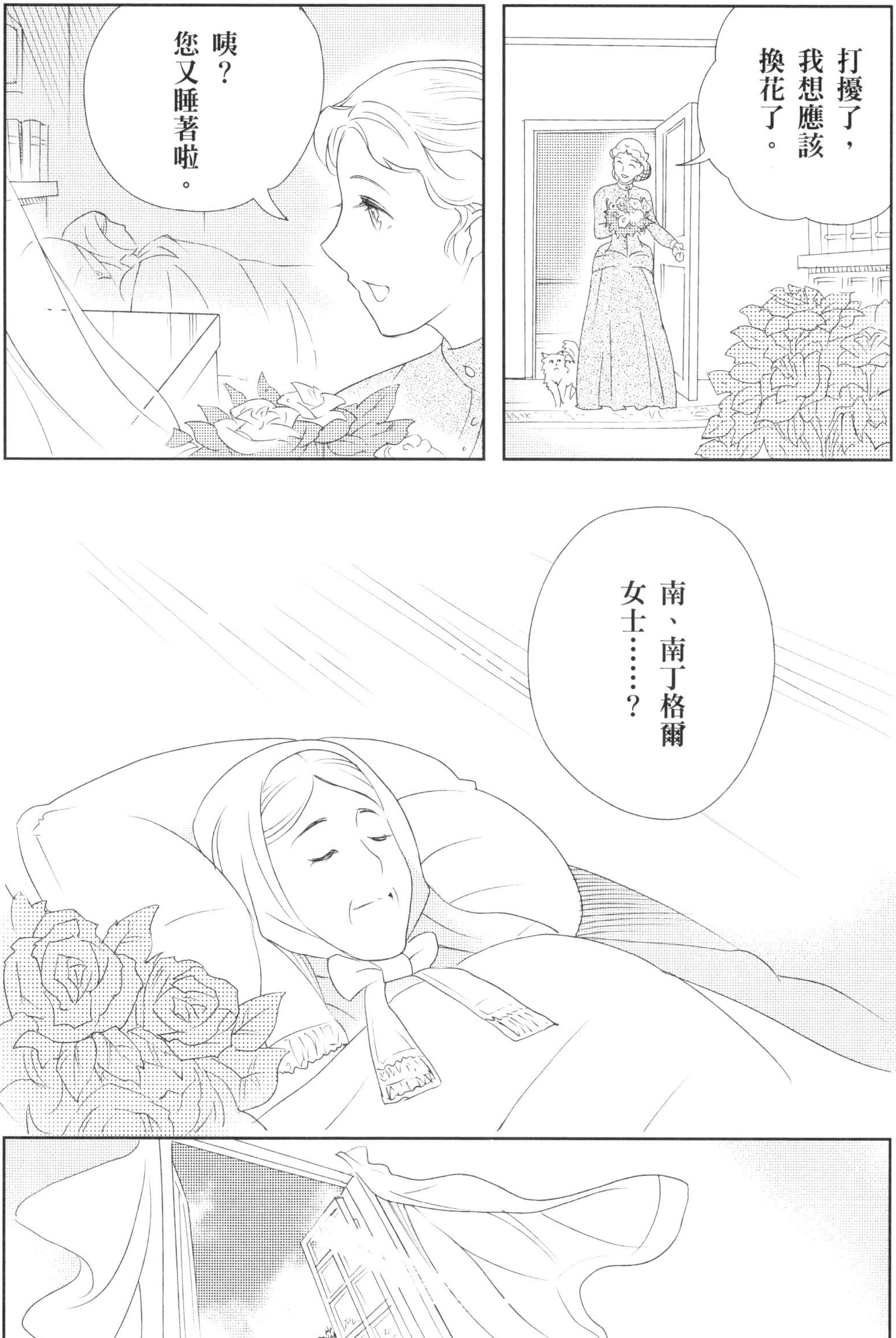

打擾了，我想應該換花了。
咦？您又睡著啦。
南、南丁格爾女士……？

彷彿熟睡般安詳離世的佛蘿羅斯度過了九十年三個月的人生。
生前作風低調的佛蘿倫斯，親友遵照她的遺言，
舉辦了只有親屬參加的葬禮。
「我的葬禮只要兩位穿著樸素的人送葬就好」，雖然她那麼說，
當天還是聚集了大批民眾為她送行。

齊聚哀悼的民眾來自四面八方。
當中又以貧困者佔大多數。
佛蘿倫斯的墓地就在父母永眠的韋洛村的聖瑪加利教堂。
「別為我建造紀念碑，只刻字首，不要留下全名」於是親友遵照她的遺言，
只在墓碑上刻下短短兩行字：「F・N一八二〇年生 一九一〇年歿」
F.N
1820-1910

「活著的時候，請盡你所能努力生活。這世上沒有無意義的事。」
即使身處黑暗之中，始終不放棄，持續發光發亮的佛蘿倫斯的精神，如今依然散發光芒。

為了表揚全球表現傑出的護理師，每兩年頒發一次的
南丁格爾獎章也傳承至今。

Florence Nightingale

增長見聞的學習教室

- 進一步認識南丁格爾
- 南丁格爾生活的時代
- 參考文獻

進一步認識 南丁格爾

基礎知識 解說

克里米亞戰爭與南丁格爾

讓南丁格爾在英國變得家喻戶曉的克里米亞戰爭，究竟是怎樣的戰爭呢？

與俄國之戰

一八五三年，俄國為了在克里米亞半島擴張領土，與土耳其爆發了克里米亞戰爭。支持土耳其的英國和法國導致戰火延伸，牽連了數個國家。

但，成為戰場的克里米亞半島與土耳其之間隔著黑海，相距遙遠，這對受到牽連的國家是場苦戰。而且俄國的軍隊指揮也不周全，使戰情陷入

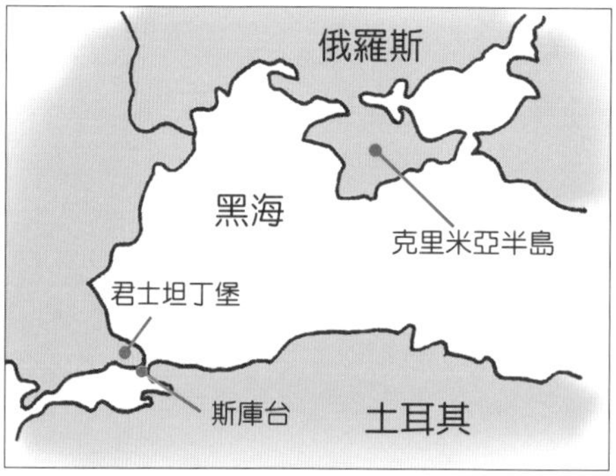

膠著，出現許多傷兵。英國也為了渡過黑海支出龐大軍費，造成國家財政吃緊。

一八五六年，這場沒有贏家的戰爭畫下句點。

南丁格爾與克里米亞戰爭

克里米亞戰爭犧牲了不少前線士兵。這些傷兵從克里米亞半島搭船返回土耳其的斯庫台。可是，那裡缺乏醫療設備，就連包紮傷口的繃帶都沒有。

那時因為印刷技術進步而蓬勃發展的英國報紙，讓世人得知了當地的情況。當時負責改善戰地醫院的大臣錫德尼·赫伯特向南丁格爾提出請託。政府給予全面的援助與權限，請她擔任戰地醫院護士團的負責人。

南丁格爾以護士的身分照顧在克里米亞戰爭中受傷的士兵。

南丁格爾的改善

南丁格爾在戰地醫院進行了各種改善。不過，所有行動的原點都是要為患者打造清潔無負擔的場所。

首先是打掃建築物、裝設暖氣、整備清理廁所等下水道的設備，並更換洗過的床具和床單，清洗繃帶或內衣褲等接觸皮膚的物品，常保清潔。

飲食方面，為了營養管理，找來一流的廚師。也為恢復健康的士兵提供閱讀等娛樂空間，處處用心提供完善的環境。

受拒的援助

然而，南丁格爾的改善未能立即實行。起初當地的士兵不願承認自己的過失，拒絕了護士團的援助。可是，在不衛生的環境中，死者持續增加，加上不斷送來的傷者。眼見患者就要無處容納，只好向南丁格爾的護士團請求援助。護士團用錫德尼．赫伯特的資金整備環境，甚至增建病房。

南丁格爾接著進行士兵待遇的改革。當時的傷兵會被降格，薪水變得比一般士兵少。南丁格爾反對這種作法，消除差別待遇。

此外，為了讓老是喝酒、生活散漫的士兵內心有所寄託，也設立了可以和家鄉親朋聯絡或寄錢的郵局。

南丁格爾在斯庫台醫院照料傷兵。 ©Wellcome Images

於是，士兵們紛紛率先參與學校或運動比賽等各種文化活動。更重要的是，能夠放心寄錢回家的郵局，讓士兵不再浪費自己的錢去喝酒，而是寄給家人。

此後，士兵們擺脫了「無賴酒鬼」的惡名，過著健康的常人生活。

世人對南丁格爾的評價

南丁格爾的改革事蹟傳回英國後，受到許多人讚賞。有人為她寫詩，也有人製售以她的名字「佛蘿倫斯」為名的各種商品，店家陳列著五花八門的「紀念品」。

因此，南丁格爾被塑造成「博愛」、「人道」、「奉獻」的形象。

但是，南丁格爾並不樂見社會有如此觀感，她對出現在大眾面前心生排斥。她的目標是確立護理這項職業的存在，以及改變政府與人們的想法。

討厭名字被人利用的南丁格爾，就連墓碑上也不願刻上全名，只刻了F・N。

南丁格爾確立了護理工作的存在，同時實現女性自立的目標。

基礎知識解說

身為改革者的南丁格爾

在戰場上奉獻己力，從事救護活動，而廣為人知的南丁格爾，之後著眼於護士的培育與社會的改革。一起來看看她做了哪些事吧。

南丁格爾護理學校

因為克里米亞戰爭的救護行動而出名的南丁格爾，在倫敦成為一名傳奇女性。

一八五五年十一月，錫德尼・赫伯特等人舉辦了南丁格爾的宣揚會。會中進行了募款，起初只是為了「製作紀念品」，沒想到募得高額經費，當場決定設立「南丁格爾基金」。

這筆基金多達四萬五千英磅，一八六〇年，就以這筆基金設立了「南丁格爾護理學校」。

南丁格爾誓詞

在護士的畢業典禮或加冠典禮都會宣讀「南丁格爾誓詞」。這是仿效醫師的「希波克拉底誓詞」（俗稱醫師誓詞，希波克拉底是被譽為西方「醫學之父」的古希臘醫師）的創作。

這段誓詞並非出自南丁格爾，而是美國底特律市的護理學校針對南丁格爾的偉業創作而成。內容是闡述成為護士的心理準備與護理心態，並大大地融入南丁格爾的博愛和奉獻精神。

南丁格爾病房

那麼，南丁格爾實際上做了哪些事呢？她確立了護理工作的存在與運

加冠典禮與蠟燭傳光

展開護理實習之前，護理學校會舉行加冠典禮，讓護校生得到象徵護士的護士帽。典禮中，所有人手持蠟燭，表現今後將堅持完成艱難的護理工作的決心。

蠟燭傳光代表溫暖照護患者的心，這也是提醒護校生別忘記，南丁格爾無論多麼疲累，夜晚仍會提燈巡視士兵的體貼心意。

作。她的想法是，護士不只給藥、換繃帶或貼布，還要留意患者周圍的陽光、空氣、清潔度，整頓環境，管理飲食，協助患者保有生命力。

將南丁格爾的想法具體化的正是「南丁格爾病房」。一心想著醫院不能危害患者的她，在著作《醫院札記》（Notes on Hospital）中畫下設計圖。

病房是六〇〇平方公尺的開放式空間，每張病床必須有一扇三段式的窗戶，要為患者打開最上面的窗，保持病房內空氣流通。

這樣的設計讓患者置身明亮的日光與新鮮的空氣當中，護士能夠隨時掌握患者的狀況，給予照護。

這個設計除了實際運用在南丁格爾護理學校設立的聖托馬斯醫院（St Thomas' Hospital），也用於全世界的醫院建築。

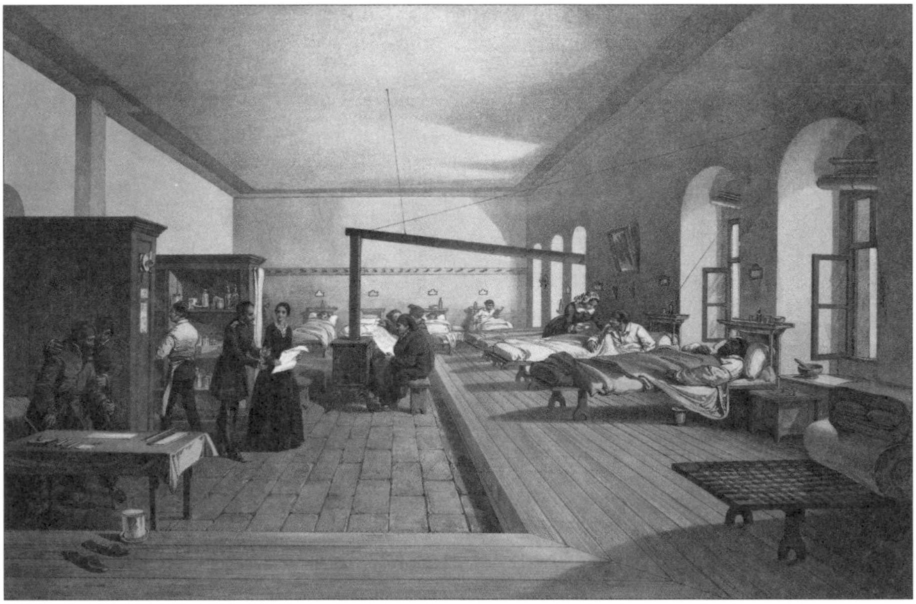

經過南丁格爾的改革，戰地醫院的環境獲得了改善。

©Wellcome Images

身為統計學者的南丁格爾

時時掛心人們健康的南丁格爾為了廣大民眾著想，開始調查國民整體的健康與衛生狀態。她利用年輕時擅長的統計學做記錄，並進行研究。

像是人口與死亡率、發病率等各方面，皆可活用統計學。因此，透過統計知道哪些疾病正在流行，只要妥善應對就能守護人們的健康。

南丁格爾將克里米亞戰爭的士兵死亡率整理成圖表，進而發現一八五四年至一八五五年，死亡的士兵增加，是因為大量湧入醫院的傷病兵擴散的傳染病所致。於是，她重新檢視醫院的衛生，讓死亡人數確實減少了。

基礎知識解說

與紅十字會的關係

世界人道組織紅十字會是在發生重大事故或災害、戰爭時，不分敵我國籍，給予救護及各種援助的團體。

紅十字會的設立

紅十字會是瑞士商人亨利．杜南（Henri Dunant）於一八六三年創立的機構。

一八五九年，亨利．杜南目睹了索爾費里諾戰役（義大利第二次獨立戰爭）的慘況，戰地出現大量的死傷者，當中大部分的人被置之不理。

後來當地的女性挺身而出，不分敵我給予救援。亨利也加入其中，一起從事救援活動。一八六二年，他將當時的體驗整理出書，名為《索

紅十字會的標誌

白底加紅色十字，是紅十字會眾所周知的標誌，這是把亨利．杜南的故鄉瑞士國旗的白色十字，換成了紅色十字。

爾費里諾回憶錄》。這正是紅十字會設立的契機。

成為國際組織

紅十字會的活動在一八六四年《日內瓦公約》（Geneva Convention）通過之後，範圍擴及世界。紅十字會被賦予不同於國家的特殊立場及任務，跨越國境的活動也受到認可，而且，加入公約的國家有義務保護紅十字會展開的活動。紅十字會遍及全球一八六國，超越民族與宗教，活動範圍持續擴大。

紅十字會的紅色十字標誌廣為人知，但有些國家為了避免聯想到基督教或十字軍，使用的是弦月（紅新月）或菱形（紅水晶）。

不變的是，各國都要遵從「人道、公正、中立、獨立、志願服務、統一、普遍」的七大基本原則，合作進行紅十字會的活動。

紅十字會的創辦人亨利・杜南
（1828年生～1910年歿）

日本紅十字會

日本紅十字會設立於一八八七年，前身的「博愛社」設立於一八七七年西南戰爭（鹿兒島縣舊士族為首發起的叛亂）的時候，該組織的思想與紅十字會相同，將不分敵我給予救護的觀念視為核心價值。

然而，當時的政府不允許那樣的行動，在向皇族有栖川宮熾仁親王提出了請求後，才獲得許可設立。加入日內瓦公約後，一八八七年改名為日本紅十字會。

現在，日本全國都有紅十字會分會，除了災害救護，還有經營醫院與福利設施、護理學校等，也在民眾生活周遭設立捐血中心。

七大原則

紅十字會的活動必須遵從以下七項原則。

人道……預防及減輕人類的苦痛。

公正……不分人種、國籍、宗教、階級。

中立……不涉入具有政治、宗教、人種、意識形態的爭端。

獨立……保有自主性，遵循紅十字會的原則行事。

志願服務……不企求任何金錢利益。

統一……每個國家只能有一個紅十字會。

普遍……所有紅十字會地位相等，彼此互助。

紅十字會與南丁格爾

一般人總認為南丁格爾與紅十字會有密切的關係，其實她和紅十字會的設立並無關連。不過，創辦人亨利・杜南曾說，他對南丁格爾的想法很有共鳴。

紅十字會在南丁格爾生誕百年（一九一二）時，設立了南丁格爾獎章，表彰有功績的護理人員。起初只有女性，第三十四屆起加入男性。該獎章每兩年頒發一次，在南丁格爾生日的五月十二日舉辦。

ⓒRoy Cameron

南丁格爾獎章。背面以拉丁文刻上「永志人道慈悲之真諦」。

基礎知識

年表

南丁格爾 生活的時代

查詢年表的方法
年齡以當年的足歲表示。

西曆	年齡	南丁格爾的生涯	世界與日本的重要事件
1820年		父親名叫威廉，母親名叫芬妮。五月十二日，家人在歐洲旅行時，誕生於義大利的佛羅倫斯。	
1821年	1歲	與父母、姊姊回到英國生活。	
1827年	7歲	接受家教的教導。	
1833年	13歲	跟隨父親學習哲學、歷史與外語。	
1837年	17歲	受到神的啟發。全家到歐洲旅行。	英國維多利亞女王即位。
1838年	18歲	認識了社交名媛瑪莉・克拉克。	

1839年	19歲	結束歐洲之旅，回到英國。 下定決心從事照顧病人的工作。	
1842年	22歲	認識了理查·蒙克頓·米爾尼斯。 在里哈斯特的別墅援助受饑荒之苦的村民。	
1847年	27歲	與博瑞布治夫婦同遊義大利。	
1848年	28歲	認識了英國前陸軍大臣錫德尼·赫伯特。	英國爆發大規模的霍亂。
1849年	29歲	拒絕了理查·蒙克頓·米爾尼斯的求婚。 十一月，前往埃及、希臘旅行。	
1850年	30歲	造訪德國西澤斯韋特的醫院。	
1851年	31歲	在西澤斯韋特的醫院學習了三個月的護理知識。	

西曆	年齡	南丁格爾的生涯	世界與日本的重要事件
1853年	33歲	八月，受到錫德尼・赫伯特夫人的請託，成為倫敦慈善醫院的護理長。 致力於提升護理與醫院的品質。	美國海軍將領培里率領黑船訪日。 十月，土耳其與俄國爆發克里米亞戰爭。
1854年	34歲	十月，接受陸軍大臣錫德尼・赫伯特的請求，帶領三十八名護士離開倫敦。 十一月，抵達土耳其的斯庫台，進入陸軍醫院提供護理照護。	英國與法國參與克里米亞戰爭。
1855年	35歲	感染克里米亞出血熱（病毒導致的傳染性疾病），徘徊生死關頭。 十一月，設立「南丁格爾基金」。	
1856年	36歲	七月，斯庫台陸軍醫院最後一位患者出院。 八月，重返英國，回到里哈斯特的老家。 九月，見到錫德尼・赫伯特。 謁見維多利亞女王，提議改善軍隊的衛生。	四月，克里米亞戰爭結束。
1857年	37歲	五月，召開「陸軍保健衛生委員會」。	

1858年	38歲	姊姊帕耳忒嫁給哈利・維爾尼爵士。 獲選為英國統計學會的會員。	
1859年	39歲	五月，設立印度衛生委員會。 十二月出版《醫院札記》、《護理札記》。	
1860年	40歲	七月，設立南丁格爾護理學校。 受到維多利亞女王請託，進行印度軍隊的衛生改善。	發生「櫻田門外之變」，幕府大老兼彥根藩藩主的井伊直弼在江戶城櫻田門遭到暗殺。 林肯就任美國總統。
1861年	41歲	南丁格爾護理學校舉行第一屆畢業典禮。 八月，錫德尼・赫伯特辭世。 十二月，設立南丁格爾助產士學校。	
1864年	44歲	一月，與諸位人士共同彙整「印度的衛生事業相關提案」。	根據日內瓦公約，紅十字會成為國際組織。

西曆	年齡	南丁格爾的生涯	世界與日本的重要事件
1865年	45歲	二月，著手進行貧民醫院的改革。	
1871年	51歲	南丁格爾護理學校所屬的聖托馬斯醫院遷移至泰晤士河畔。	日本明治政府推行新政「廢藩置縣」（廢除傳統的大名制度，設立新的地方政府）。
1872年	52歲	受到亨利・杜南讚賞。 回到愛伯利公園的別墅，照顧雙親。	日本首條鐵路在新橋、橫濱之間開通。
1874年	54歲	一月，父親威廉過世，享壽80歲。	
1880年	60歲	二月，母親芬妮過世，享壽93歲。	
1882年	62歲	視察南丁格爾醫院的護理學校。	
1883年	63歲	獲得維多利亞女王頒授的皇家紅十字勳章。	
1887年	67歲	設立英國護理協會。	

年份	年齡	事蹟	世界大事
1890年	70歲	五月，姊姊帕耳忒過世。	日本細菌學家北里柴三郎研發出破傷風的免疫血清療法。
1893年	73歲	在芝加哥的萬國博覽會舉行護理演講。	
1894年	74歲		爆發甲午戰爭。
1900年	80歲	生日當天受到英國王室、國民與護理協會的祝賀。	
1901年	81歲	喪失視力。	
1904年	84歲		爆發日俄戰爭。
1907年	87歲	受到國際紅十字會表彰。 獲得英王愛德華七世頒授的功績勳章，成為第一位被授予的女性。	
1910年	90歲	五月，舉行南丁格爾護理學校創立五十週年的紀念事業。 八月十三日，逝世於公園徑的自宅。 埋葬於里哈斯特附近韋洛村聖瑪加利教堂的墓地。	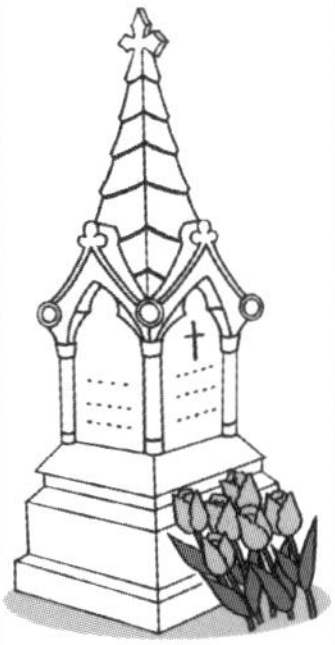

參考文獻

《南丁格爾　人與思想》
小玉香津子著／清水書院
《南丁格爾　神話與真實》
休伊・斯摩爾（Hugh Small）、田中京子譯／MISUZU書房
《南丁格爾著作集　第1卷》
南丁格爾著、湯槇MASU監修／現代社
《新譯　南丁格爾書簡集》
南丁格爾著、湯槇MASU、小玉香津子、薄井坦子、鳥海美惠子、小南吉彥編譯／現代社
《護理札記》
南丁格爾著、薄井坦子等人譯／現代社
《南丁格爾的另一面　被誤解的生涯》
吉岡修一郎著／醫學書院
《南丁格爾與她的時代》
莫妮卡・貝利（Monica Bailey）、瑪麗安・布魯克（Marian・J・Brook）、羅伊斯・蒙泰蘿（Royce Monteiro）等人著、平尾真智子、小林章夫譯／UBUSUNA書房
《南丁格爾的生涯》
愛爾西・赫胥黎（Elspeth Huxley）著、新治弟三、嶋勝次共譯／Medical Friend社
《近代護理的創始者　南丁格爾傳》
芭芭拉・哈梅林（Barbara Harmelink）著、西田晃譯／Medical Friend社
《追求福祉的女性先驅　佛蘿倫斯・南丁格爾與珍・亞當斯》
鈴木真理子著、草根出版會
《南丁格爾傳番外篇》
立頓・斯特拉其（Lytton Strachey）著、橋口稔譯／岩波文庫
《改變世界的偉人傳　南丁格爾》
帕姆・布朗（Pam Brown）著、茅野美度里譯／偕成社
《南丁格爾》
早野美智代著／POPLAR口袋文庫　POPLAR社
《看看這個人！創造歷史的偉人傳　南丁格爾》
新偉人傳企劃著／POPLAR社

協助、照片提供／日本紅十字會

野人

野人文化
讀者回函卡

書　名 ____________________

姓　名 ____________________ □女 □男　年齡 ________

地　址 ____________________

____

電　話 ____________________ 手機 ____________________

Email ____________________

□同意 □不同意　收到野人文化新書電子報

學　歷 □國中(含以下) □高中職 □大專 □研究所以上

職　業 □生產/製造 □金融/商業 □傳播/廣告 □軍警/公務員
□教育/文化 □旅遊/運輸 □醫療/保健 □仲介/服務
□學生 □自由/家管 □其他

◆你從何處知道此書？

□書店：名稱 ________　□網路：名稱 ________

□量販店：名稱 ________　□其他 ________

◆你以何種方式購買本書？

□誠品書店 □誠品網路書店 □金石堂書店 □金石堂網路書店

□博客來網路書店 □其他 ________

◆你的閱讀習慣：

□親子教養 □文學 □翻譯小說 □日文小說 □華文小說 □藝術設計

□人文社科 □自然科學 □商業理財 □宗教哲學 □心理勵志

□休閒生活（旅遊、瘦身、美容、園藝等） □手工藝／DIY □飲食／食譜

□健康養生 □兩性 □圖文書／漫畫 □其他 ________

◆你對本書的評價：（請填代號，1.非常滿意 2.滿意 3.尚可 4.待改進）

書名 ______ 封面設計 ______ 版面編排 ______ 印刷 ______ 內容 ______

整體評價 ______

◆你對本書的建議：

____

____

____

____

野人文化部落格 http://yeren.pixnet.net/blog

野人文化粉絲專頁 http://www.facebook.com/yerenpublish

廣　告　回　函
板橋郵政管理局登記證
板 橋 廣 字 第 143 號

郵資已付　免貼郵票

野人

23141
新北市新店區民權路108-2號9樓
野人文化股份有限公司 收

請沿線撕下對折寄回

野人

書號：0NNC1035

小野人35

漫畫版 世界偉人傳記 ⑤

南丁格爾

漫　畫　坂本幸
監　修　日本紅十字會
譯　者　連雪雅

野人文化股份有限公司
社　　長　張瑩瑩
總 編 輯　蔡麗真
主　　編　蔡欣育
責任編輯　王智群
封面設計　周家瑤
內頁排版　菩薩蠻數位文化有限公司
行銷企劃　林麗紅

讀書共和國出版集團
社　　長　郭重興
發行人兼出版總監　曾大福
業務平臺總經理　李雪麗
業務平臺副總經理　李復民
實體通路協理　林詩富
網路暨海外通路協理　張鑫峰
特販通路協理　陳綺瑩
印　　務　黃禮賢、李孟儒

出　版　野人文化股份有限公司
發　行　遠足文化事業股份有限公司
地址：231 新北市新店區民權路 108-2 號 9 樓
電話：（02）2218-1417　傳真：（02）8667-1065
電子信箱：service@bookrep.com.tw
網址：www.bookrep.com.tw
郵撥帳號：19504465 遠足文化事業股份有限公司
客服專線：0800-221-029
法律顧問　華洋法律事務所　蘇文生律師
印　製　成陽印刷股份有限公司
初　版　2020 年 9 月

國家圖書館出版品預行編目 (CIP) 資料

漫畫版世界偉人傳記. 5, 仁愛!南丁格爾(奉獻一生的戰地護理天使) / 坂本幸漫畫 ; 連雪雅譯. -- 初版. -- 新北市 : 野人文化出版 : 遠足文化發行, 2020.09
面；　公分. -- (小野人 ; 35)
譯自 : コミック版 世界の伝記 ナイチンゲール
ISBN 978-986-384-444-0(精裝)

1.南丁格爾(Nightingale, Florence, 1820-1910) 2.傳記 3.漫畫

781.08　　109010048

野人文化官方網頁

野人文化讀者回函
您的寶貴意見，將是我們進步的最大動力。

歡迎團體訂購，另有優惠，請洽業務部（02）22181417 分機 1124、1135

沒有

就像士兵們
在戰場上

不危害病人，
這是醫院的第一要件。

你有應該
去做的事。
那是只有你
才做得到的
重要之事。